Vom Harz nach Berlin
Martin Heinrich Klaproth –
Ein Apotheker als Entdecker sieben chemischer Elemente

Von Georg Schwedt

Herstellung und Verlag:
BoD - Books on Demand, Norderstedt
ISBN 978-3-8370-4507-9

INHALT

Vorwort

Die bisher erste und einzige umfassende sowie zugleich grundlegende wissenschaftliche Biographie zu Martin Heinrich Klaproth schrieb der Pharmaziehistoriker Georg Edmund *Dann* (1898-1979) – sie erschien im Akademie-Verlag (Berlin-Ost) 1958 unter dem Titel *„Martin Heinrich Klaproth (1743-1817). Ein deutscher Apotheker und Chemiker. Sein Weg und seine Leistung"*.

G. E. *Dann* wurde im Haus der Adler-Apotheke in Brüssow (südlich von Pasewalk) geboren. Nach Abschluss der schulischen Ausbildung an der *Saldria* (Realschule) in Brandenburg an der Havel 1915 mit der Primareife eines Realgymnasiums begann er eine Lehrzeit in der Königlichen Hof-Apotheke in Bad Freienwalde. 1918 legte er in Potsdam die pharmazeutische Vorprüfung ab. Im Wintersemester 1919/20 studierte er Pharmazie an der Philipps-Universität in Marburg, ab Sommersemester 1920 an der Friedrich-Wilhelms-Universität in Berlin und ab dem Wintersemester 1920/21 in Rostock, wo er im Mai 1922 das pharmazeutische Staatsexamen ablegte. Nach Tätigkeiten an verschiedenen Apotheken und einem Jahr in Schweden wirkte Dann als Apotheker von 1925 bis 1945 in Zehden (östlich der Oder, heute Polen, nordöstlich von Bad Freienwalde). In dieser Zeit als Landapotheker begann er sich mit der Geschichte der Pharmazie zu beschäftigen und zu publizieren. Nach dem Zweiten Weltkrieg flüchtete er nach Preetz in Schleswig-Holstein und wurde 1948 Inhaber der Adler-Apotheke in Kronshagen (Kreis Rendsburg), die er im September 1949 eröffnen konnte. Bereits im Juli 1948 hatte er einen Lehrauftrag für Geschichte der Pharmazie an der Christian-Albrechts-Universität in Kiel erhalten. Ab 1964 lebte er in Dransfeld bei Göttingen. Er starb am 11. September 1979 in Göttingen und wurde auf eigenen Wunsch in Preetz begraben. Wolfgang Schneider (Pharmaziehistoriker in Braunschweig) würdigte ihn in seinem „Wörterbuch der Pharmazie. Band 4 Geschichte der Pharmazie" (Stuttgart 1985) als „Apothekenbesitzer, der als Pharmaziehistoriker eine führende Rolle spielte. Er erweckte nach dem 2. Weltkrieg die IGGP [Internationale

Gesellschaft der Geschichte der Pharmazie] zu neuem Leben und lenkte bis 1969 ihre Geschicke. Als Schriftsteller war er unermüdlich tätig. Ergebnis seiner Lehrtätigkeit an der Uni. Kiel, wo er die Bibliothek der IGGP unterbrachte und 1964 zum Honorarprofessor ernannt wurde, war seine ‚Einführung in die Pharmaziegeschichte (Stuttgart 1965).“

*Dann*s Klaproth-Biographie von 1958 bildete die Grundlage für die folgenden Kapitel, die jedoch in der Historie der Apotheken bis in unsere Zeit ergänzt wurden.

Außerdem wurden die Veröffentlichungen von Klaproths Vorlesungen (1789; 1807/08; 1811/12), erschienen 1993 bzw. 1994 und die Aufsätze berücksichtigt, die zu seinem 250. Geburtstag 1993 erschienen waren.

2017 jährt sich sein Todestag am 1. Januar zum 200. Mal. Viele Stätten seines Wirkens sind nicht mehr vorhanden, einige jedoch kann man auch heute noch aufsuchen.

Die von ihm analysierten Mineralien sind in vielen mineralogischen Museen, vor allem aber auch in Berlin im Museum für Naturkunde zu finden und zu besichtigen.

Die Analytik dieser Mineralien hat Klaproth zum Entdecker von insgesamt 7 bisher nicht bekannten chemischen Elementen werden lassen – seine „Beiträge zur chemischen Kenntnis der Mineralkörper“ in sechs Bänden (1795-1815) fassen alle seine Arbeiten zusammen und sind bereits digitalisiert worden.

LEBENSLAUF und BERUFLICHER WERDEGANG

WERNIGERODE 1743 bis 1759

Gedenktafel am Geburtshaus von Klaproth gegenüber der Liebfrauenkirche

Am 1. Dezember 1743 wurde Martin Heinrich Klaproth als Sohn des Schneiders Johan Julius Klaproth und dessen Ehefrau Ursula Sophie geb. Dehne in Wernigerode am Harz geboren und zwei Tage später in der Liebfrauenkirche getauft. Seine Vornamen erhielt er durch den Paten, den Kirchenvorsteher Martin Heinrich Peters. Sein Elternhaus stand am Liebfrauenkirchplatz – damals als *Bude* bezeichnet, ein sehr schmales, wahrscheinlich zweistöckiges Gebäude mit einer Front von nur drei Metern und zwei Fenstern. Daneben rechts befand sich das wesentlich größere kirchliche Verwaltungsgebäude, die *Küsterei,* und auf der linken Seite ein stattliches Bürgerhaus, als des „Herrn Schreibers Brauhaus" bezeichnet.

Die Harzstadt *Wernigerode* liegt an der Nordostflanke des Harzes, nur zwölf Kilometer vom Brocken entfernt. Urkundlich erwähnt wurde sie erstmals 1121 im Zusammenhang mit einem aus der Nähe von Hildesheim ansässig gewordenen Grafen Adalbert zu Haimar, der sich nun Graf von Wernigerode nannte. Entstanden ist der Ort offensichtlich als eine zum Kloster Corvey und dessen Abt Warin (um 800 bis 856, ab 831 Abt des Klosters Corvey) in Beziehung stehende Siedlungsrodung. Abt Warin, aus einem sächsischen Grafengeschlecht stammend, der am Kaiserhof von Karl dem Großen erzogen wurde, hatte von Corvey aus eine große Bedeutung in der Christianisierung Nordwestdeutschlands. 1429 starb das Geschlecht der Grafen von Wernigerode aus und der Ort wurde Sitz der Grafen zu Stolberg, die hier über Jahrhunderte die Oberherrschaft ausübten. 1714 musste jedoch Graf Christian Ernst zu Stolberg-Wernigerode (1691-1771) die Oberhoheit Brandenburg-Preußens (als Königreich Preußen 1701) über seine Grafschaft Wernigerode am Harz anerkennen.

Zu seiner Regierungszeit wurde Martin Heinrich Klaproth geboren. Unter der Regierung des Grafen entwickelt sich eine rege Bautätigkeit – so wurde u.a. in Wernigerode der Lustgarten in französischem Stil umgestaltet und die Orangerie errichtet.

In seiner „Geschichte der Grafschaft Wernigerode" (1916) berichtete Heinrich Drees, dass im 12. Jahrhundert unter Adalbert I. (1121-1133) der Bau der Burg Wernigerode an zwei Handelswegen (später Vorburg des Schlosses) errichtet wurde, Adelshöfe in der Stadt entstanden und sich Wernigerode sich im 16. Jahrhundert der Lehre Luthers zuwandte, als 1534 Hans Weddige, Stiftsherr zu Wernigerode, erster evangelischer Prediger an der Liebfrauenkirche wurde. In dieser Zeit wurde die Stadt auch befestigt. 1541 wurde aus dem Wernigeröder Spielhaus das heutige Rathaus – 1699 entstanden die Barocktürmchen. 1697 wurde die erste Druckerei gegründet. Den Halleschen Pietismus führte die Mutter des Grafen Christian Ernst, Christine geb. von Mecklenburg-Güstrow, ein. Drees berichtete auch, dass der Graf der Oberschule 1729 „ein neues Haus im Schatten der Sylvestri-Kirche" erbaute. Die Taufkirche Klaproths, die *Liebfrauenkirche,* als Stadtkirche von Wernigerode im romanischen Baustil mit zwei Türmen, stammte aus dem Jahr 1230 – sie wurde bei dem verheerenden Stadtbrand des Burgstraßenviertels 1751 (wie von Drees berichtet) völlig zerstört. Mit finanzieller Unterstützung durch das dänische Königshaus wurde sie zwischen 1756 und 1762, bevor Martin Heinrich Klaproth Wernigerode verließ, unter dem regierenden Grafen Christian Ernst im Barockstil wieder aufgebaut. Der Graf hatte von 1735 bis 1745 als Geheimer Rat seinem Cousin König Christian IV. von Dänemark gedient.

Liebfrauen-Kirche (links) – rechts: Blick von der Liebfrauenkirche auf das Geburtshaus Klaproths hinter den Bäumen

Darüber berichtete Drees wie folgt:
„Der Brand in Wernigerode, die Liebfrauen-Kirche. Der langjährigen französischen Okkupationszeit ging eine große Heimsuchung der Stadt voraus, als Ende Juni 1751 ein gewaltiger Brand den größten Teil derselben in Schutt und Asche legte, und auch die alte Liebfrauen-Kirche mit ihren hochragenden Türmen ein Raub der Flammen wurde. Mit vollen Händen hat Chr. E. gegeben, die Not seiner Untertanen zu lindern, und hat sich bemüht, die Hilfeleistungen praktisch zu organisieren; aus allen Teilen Deutschlands und aus Dänemark strömten Gaben in Fülle zusammen. Beim Wiederaufbau der Stadt ist durch Erweiterung eines schmalen Verbindungsganges zur Unterengengasse der ‚Kohlmarkt' entstanden. Dies Brandunglück stellte der Bautätigkeit des Grafen neue Aufgaben. 1756

wurde von ihm der Grundstein für die heutige Liebfrauen-Kirche gelegt, deren Plan mit den kühngewölbten Holzdecken der geniale Baumeister Heintzmann entworfen hat, währende Kanzelaltar, Orgelprospekt und Ratsstand von dem Hoftischler Moser geschnitzt sind."

Bei der genannten Feuersbrunst, als Klaproth gerade 7 Jahre alt war, brannten 280 Häuser ab, darunter auch sein Elternhaus. Der Wiederaufbau war nur mit hohen Hypotheken möglich, die erst nach dem Tod des Vaters abgelöst werden konnten. Und 1756 brach zudem der Siebenjährige Krieg aus, in dem auch die Umgebung von Wernigerode Schauplatz von Kampfhandlungen wurde. Jedoch begann sich der zuvor entstandene Wohlstand wieder zu entwickeln – durch fortlaufende Getreidelieferungen an das preußische Heer, durch offensichtlich gut bezahlte Fuhrleistungen und die Produktion von Branntwein, dem „Alten Wernigeröder" (für Freund und Feind!). Infolge des nun wieder ansteigenden Wohlstands wird auch der Schneider Klaproth wieder mehr Aufträge erhalten haben.
Das Geburtshaus Klaproths ist zwar nicht erhalten, jedoch befindet sich heute an dem an dieser Stelle wieder errichteten Haus eine Gedenktafel mit folgendem Text: *Geburtsstätte des berühmten Chemikers MARTIN HEINRICH KLAPROTH (*am 1. Dezember 1743 †zu Berlin am 1. Januar 1817.*

Über die weitere Bautätigkeit ist bei Drees zu lesen:
„Chr. E. begann seine Bautätigkeit schon 1713, als er eine neue Schloß-Kirche erbaute; als erster seit den Tagen Wolf Ernsts residierte er dauernd auf der Burg seiner Väter, die er neu erbaute. Die Befestigungen der Bastion machten den noch heute bestehenden Beamtenwohnungen Platz, für das Schloß schuf er die lange entbehrte Wasserversorgung durch Anlegung einer Röhrenleitung, der sogenannten ‚Wasserreise'. Er ist der Schöpfer des Lustgartens, der Küchengartens und des Tiergartens; von ihm ist auch das Kastanienwäldchen vor dem Lustgarten angelegt, nach seiner Schwiegertochter erhielt der bisherige Biegenberg den Namen ‚Agnesberg', nach ihr ist auch das ‚Christianental' benannt. (…)

Die Orangerie. Der größte Bauplan des Grafen, dessen Ausführung vielleicht unserem Schloß den Untergang bereitet hätte, ist nicht vollendet worden, der Bau eines Palastes in französischem Geschmack im Lustgarten nach dem Entwurf des genialen Heintzmann. (…); nur die dazugehörige Orangerie ist vollendet, die heutige fürstliche Bibliothek."

Johann Friedrich Heintzmann (1716-1764) aus Clausthal war zunächst Baumeister in Wernigerode, wurde 1755 von Friedrich dem Großen in die Grafschaft Mark geschickt, um als Bergmeister den märkischen Steinkohlenbergbau zu erkunden. Er spielte eine wichtige Rolle in der Entwicklung des Ruhrgebietes. Von ihm wurde auch das ehemalige Stadtpalais (Burgstraße 37, heute Außeninstitut des Robert-Koch-Instituts Berlin) projektiert.
Die Orangerie im Lustgarten wird heute als Standort der Abteilung Magdeburg des Landeshauptarchivs Sachsen-Anhalt genutzt.

Zunächst besuchte Klaproth die Stadtschule, ab 1755 auch die Lateinschule – 1538 als städtische evangelische Oberschule gegründet. Mit dem Bau der späteren Lateinschule an der *Sylvestrikirche* auf dem *Klint*, dem ältesten Stadtteil von Wernigerode, wurde schon 1544 begonnen. Der Bau der ersten kleinen, nicht mehr vorhandenen Kirche geht auf die Missions-tätigkeit der Benediktiner aus dem Kloster Corvey unter ihrem Abt Warin I. zurück, die hier im 9. Jahrhundert eine Kapelle errichteten – Fundament-reste sind unter dem Gemeindehaus „Haus Gadenstedt" gegenüber dem heutigen Kirchengebäude erhalten. Der nachfolgende romanische Bau entstand im 10. Jahrhundert - um 1100 als *ecclesia St. Georgi* bezeichnet. Aus Anlass der Gründung eines Chorherrenstifts wurde das Gebäude 1265 zu einer frühgotischen Basilika umgebaut – unter dem Chor befindet sich eine Gruft mit den Gräbern einiger Grafen. 1727 wurden die beiden Türme der Kirche abgetragen – es entstand auf dem Westwerk ein achteckiger Turm mit einer Haube im Barockstil (1869 wieder abgerissen und Kirchenumbau ab 1880 im neugotischen Stil).

Als *Kurrendejunge* war für Klaproth das Schulgeld erniedrigt und außerdem erhielt er beim Kurrendesingen, als Mitglied des *Chorus symphonicus*, bei Umzügen, Hochzeiten, Leichenfeiern auch Spenden. Die Geschichte der *Lateinschule* zur Zeit, als sie Klaproth besuchte, beginnt mit einem Neubau 1730 (5 Klassenzimmer und 1 Saal), worüber eine Inschrift am Portal berichtet: *Das Lyceum beider Städte (Alt- und Neustadt) Wernigerode ist unter dem Beistande Gottes und Bewilligung des Erlauchten Grafen und Herrn, Herrn Christian Ernsts, des heiligen römischen Reichsgrafen usw. von dem Stadtmagistrate im Jahre des Heils 1730 erbaut worden.*

Historischer Eingang zur ehemaligen Lateinschule – jetzt Landesgymnasium

1999 erfolgte ein Umbau des „Alten Lyceums durch die Stadt Wernigerode zum fortan zweiten Schulgebäude des Landesgymnasiums für Musik, dabei Schaffung von Klassen- und Unterrichtsräumen, Konzertsaal („Festsaal") und Tonstudio für die musikalische Spezialausbildung des Gymnasiums". (Landesgymnasium für Musik Sachsen-Anhalt)

In der „Hausgeschichte Wernigerode" ist unter Nr. 7 (Oberpfarrkirchhof) Altes Lyzeum u.a. zu lesen:

„Genau gegenüber der Westseite der Sylvestrikirche und deren Ausgang befindet sich unter der Hausnummer 7 das Lyceum. (…) Über der zweiflügeligen, schlicht gehaltenen Füllungshaustür prangt eine aus Holz geschnitzte Kartusche, welche in lateinischer Schreibweise den Zweck des Bauwerks als Lyceum, den Namen des Bauherrn, Christian-Ernst, und das Jahr der Errichtung 1730 trägt. Weiterhin ist links das Allianzwappen der Stolberg-Wernigeröder Grafen zu sehen. An der rechten Seite stellt sich das Wappen der Stadt Wernigerode dar, beides umgeben von zierlich geschnitzten Akanthusranken." (Webseite der Stadt Wernigerode – Hausgeschichte und Geschichten)

Klaproth besuchte die Lateinschule von 1755 bis Ende 1758. Von 1738 bis 1781 war Heinrich Karl Schütze (1700-1781) Rektor der Schule. Aus dem Beitrag von Heinrich Drees „Geschichte des Fürstlichen Gymnasiums, der Oberschule zu Wernigerode" (Harzzeitung 32. Jg. 1899, S. 171-) ist für diese Zeit zu entnehmen, dass „unter der einsichtigen Förderung des Grafen Christian Ernst die Schule zu ungeahntem Glanz sich erhob, reichen Zugang guter Schülerelemente von außerhalb erhielt und eine der angesehensten Schulen Niedersachsen wurde". Über die Zeit des Rektors Schütze aber ist im Bericht eines Schülers und späteren Lehrers bzw. Pastor aus der Schulzeit von Klaproth Negatives zu erfahren. Drees berichtete:

„Ein scharfer und scharfblickender Beobachter der Schule ist ihr in dem Subkonrektor Johann Christian Meier (1758-1767), dem Sohn des armen Papiermüllers in Hasserode, später Rektor in Verden und dann Pastor in Schneverdingen († 1815) erstanden. Er hat die Schule in den fünfziger Jahren als Schüler und dann als Lehrer kennen gelernt und beurteilt später in einer Selbstbiographie als reifer Mann seine Ansichten darüber schriftlich fixiert. Seine höchst ungünstigen Urteile finden eine erhebliche Einschränkung dadurch, daß der Verfasser, wie er selbst anerkennt, als Autodidakt, der vom Karrenjungen zum Gymnasiasten avancierte und als Sohn armer Leute mit mißgünstigem Auge Höhergestellte und auch seine

Lehrer ansah und von seinem eigenen Wissen übertriebene Meinungen hegte, daß er ferner als Lehrer oft genug mit hypochondrischen Anwandlungen geplagt war und mit seinen religiösen Ansichten im direktesten Gegensatz zu dem kirchlichen Leben in Wernigerode stand.

Er nennt Schütze ‚zänkisch, neidisch, selbstbewußt und dabei unglaublich unwissend‘, seinen Unterricht ‚langweilig und ledern‘…" Und weiter ist von Drees zu lesen: „… wir müssen anerkennen, daß seit den fünfziger Jahren die Wernigeröder Schule nicht mehr das war, was sie gewesen, daß Zeichen des Niedergangs vorhanden sind, die aber gegenüber der Persönlichkeit des gefeierten Rektors nicht beachtet wurden, daß unter ihm, gehoben noch durch Wernigerode's kirchliche Stellung, die Oberschule ein „Modegymnasium" für pietistische gerichtete Kreise wurde, obwohl gerade in den Schülerkreisen immer mehr die moderne Aufklärung Freunde findet…"
Vielleicht lässt sich aus diesen Aussagen erklären, worum Klaproth frühzeitig, ohne Abschluss diese Schule verlassen hat.
Sein Biograph Georg Edmund Dann berichtete auch Einzelheiten über die Lehrpläne. Er erwähnt zunächst auch die *Schulbibliothek*, daneben auch die *Schlossbibliothek,* die der Graf den Lehrern und älteren Schülern zur Verfügung stellte.
Das *Schloss Wernigerode* war ursprünglich eine mittelalterliche Burg – von hier aus unternahmen die deutschen Kaiser ihre Jagdausflüge in den Harz. Die erste Anlage entstand über der Stadt in der Mitte des 12. Jahrhunderts, die gegen Ende des 15. Jahrhundert wesentlich im Stil der Spätgotik und im 16. Jahrhundert zu einer Renaissancefestung umgebaut wurde. Im Dreißig-jährigen Krieg wurde sie verwüstet und im späten 17. Jahrhundert begann Graf Ernst zu Stolberg-Wernigerode mit einem barocken Umbau der Burgreste ein romantisches Residenzschloss in Form einer Rundburg zu errichten. Ein weiterer großer historischer Umbau, verbunden mit dem Aufstieg des Grafen Otto vom Stolberg-Wernigerode zum ersten Oberpräsidenten der preußischen Provinz Hannover bis zum Stellvertreter Bismarcks, erfolgte zwischen 1862 und 1885. Das heutige Schloss wird als Leitbau des norddeutschen Historismus bezeichnet. Die *Stolbergsche*

Bibliothek zu Wenigerode lässt sich bis auf den Grafen Wolf Ernst zu Stolberg (1546-1606) zurück verfolgen, der mit etwa 4000 Bänden eine der größten Privatbibliotheken des 16. Jahrhunderts besessen hatte. Eine neue Blütezeit begann mit Graf Christian Ernst zu Stolberg-Wernigerode in der Zeit des Schülers Klaproth. 1746 erklärte der Graf die etwa 10 000 Bände umfassende Bibliothek zu einer „Öffentlichen Bibliothek" – sie stand wöchentlich zweimal wissenschaftlich Interessierten offen. Er vermehrte die Bibliothek bis zu seinem Tode auf 30 Tausend Bände. 1826/27 kam die Bibliothek in die Orangerie im Lustgarten. Am Ende des 19. Jahrhunderts war der Bestand auf über 100 Tausend Bände angewachsen. 1926 mussten die Eigentümer aus wirtschaftlichen Gründen zahlreiche Inkunabeln und Handschriften verkaufen und am 1. August 1929 wurde die Bibliothek offiziell geschlossen.

Zu den Lehrplänen der Lateinschule im 18. Jahrhundert schrieb Dann u.a., dass sie denen des berühmten *Franckenschen Pädagogiums* in Halle geglichen hätten. Hauptfach war Latein, daneben auch die alten Sprachen als Schwerpunkt. In Wernigerode sei aber auch der freie Vortrag in Deutsch geübt worden, Unterricht in Geographie und Geschichte, Mathematik und Physik sowie Philosophie, Logik und Religion sowie Musik erteilt worden. Wahlfreien Unterricht habe es im Französischen und auch im Handwerklichen wie Drechseln gegeben, wobei er sich wie Drees auf den Bericht des ehemaligen Schülers und späteren Lehrers Johann Christian Meier bezieht. Meier, der ein Jahr vor Klaproths Abgang an die Wernigeroder Schule kam, führte auch englische und französische Konversationsübungen und naturwissenschaftliche Exkursionen ein. Und sein Biograf Dann wagt es, diesem Lehrer auch einen Einfluss auf Klaproth zuzuweisen, sogar einen Anstoß gegeben zu haben, Apotheker zu werden – sich aus der Enge des Pietismus zu befreien.

Klaproth war erst 15 Jahre alt, als er die Schule ohne Abschluss, ein Jahr vor dem Ziel, Ende 1758 verließ. Die Gründe des Abgangs lassen sich nur vermuten, auch wenn Klaproth selbst später geäußert hat, dass er „eine unverdient harte Behandlung" erfahren habe, er den Unterricht als „mittelmäßig" bezeichnete. Der Lehrer Johann Christian Meier (1732-

1815), als extrem-freigeistiger Dichter und Kritiker sowie Pädagoge bezeichnet, bemühte sich sehr um eine Reform des Schulunterrichtes und trat in Wernigerode wohl sehr anti-pietistisch auf, was erhebliche Unruhe verursachte.

Die Enttäuschung in der Familie ist sicher groß gewesen. Martin Heinrich Klaproth hatte noch einen älteren Bruder, Julius Christoph (geb. 1739), der erfolgreich die Schule absolvierte, Theologie studierte, der von 1758 bis 1760 als „Informator der deutschen und lateinische Schule" der Franckeschen Stiftungen in Halle genannt wird und bereits 1763 Pfarrer wurde, sowie als weitere Brüder Johann Julius, der von der Mutter Anna Elisabeth Klaproth, geb. Oppermann, 1739 ihr „Koth-Haus" – „mit ihres verstorbenen Ehemanns Geld (1712) erkauft" – mit allem Zubehör für 60 Taler erhielt, und den im ersten Lebensjahr verstorben Bruder sowie als jüngsten der Brüder Christian August Ludewig (1757-1812), der es bis zum Geheimen Kriegsrat, Staats- und Kabinetts-Archivar brachte.

Wer heute auf den *Spuren Klaproths* Wernigerode besucht, wird mit dem Slogan *die bunte Stadt am Harz* umworben, der von Hermann Löns stammt. Die genannten Orte bzw. Gebäude befinden sich am *Liebfrauenkirchplatz* (*Burgstraße*: Geburtshaus und Liebfrauenkirche als Taufkirche), vom Rathaus (1277 als Spielhaus erwähnt) und dem Gothischen Haus (Hotel) durch die *Klintgasse* zur höchsten Erhebung der Stadt, wo die Besiedlung des Ortes begann, am ornamentreichen Gebäude Nr.3, dem *Harzmuseum* (mit Dokumentationen zur Stadtgeschichte) vorbei zur *Sylvestrikirche* und der alten *Lateinschule* sowie dem Gadenstedtschen Haus von 1582 am *Oberpfarrhof.*

QUEDLINBURG 1759 bis 1766

Im Alter von noch nicht 16 Jahren trat Martin Heinrich Klaproth zu Ostern 1759 als Lehrling in die *Rats-Apotheke* zu Quedlinburg ein – nördlich des Marktplatzes an der Einmündung des Kornmarkts auf die Breite Straße gelegen. Ihre Gründung lässt sich bis in das Jahr 1578 zurückverfolgen.

Seit 1994 steht die Altstadt von Quedlinburg auf der Liste des Weltkulturerbes der UNESCO – mit 1200 denkmalgeschützten Gebäuden, mit den verwinkelten Straßenzügen und dem Kopfsteinpflaster wie ein großes Freilichtmuseum auf den Besucher wirkend.

Eine Legende berichtet von einem adeligen Thüringer namens Quitilo, der auf dem 30 Meter hohen Burgberg bereits im 5. Jahrhundert eine Burg errichtet habe. Von ihm sei der Name der Stadt abgeleitet worden. Tatsache ist, dass König Heinrich I. in einer Schenkungsurkunde von 922 den Namen „villa Quitilingaburg" verwendete. Auf dem Burgberg entstand um diese Zeit ein sächsischer Königshof, der eine Wehranlage und eine Vorburg auf dem Münzenberg besaß, und um den sich eine Siedlung für Hörige bildete. Otto I. wandelte den Königshof in ein Damenstift um, in dem die Töchter des Hochadels eine umfassende Bildung genossen und ihre Versorgung im Alter hatten. Dieses reichsfreie Stift unterstand dem Kaiser und bis zur Reformation auch dem Papst. Die Damen bzw. die Äbtissinnen bestimmten bis zu Beginn des 19. Jahrhunderts auch die Entwicklung der Stadt, die zusammen mit 15 umliegenden Dörfern dem Stift abgabepflichtig war.
Schon 994 erhielt das Stift durch Kaiser Otto III. Markt-, Münz- und Zollrecht. Es entwickelte sich zu Füßen der Burg ein Marktflecken mit zwei Hauptkernen – einer Kaufmanns- und Handwerkersiedlung, der Altstadt, und einer bäuerlichen Ansiedlung ab dem 12. Jahrhundert, der Neustadt. Der Landbesitz des Stiftes soll dreißigtausend Morgen umfasst haben und durch eine Landwehr geschützt worden sein. Die Altstadt wurde durch Mauern und Türme befestigt. Die Neustadt entwickelte sich um die

Nikolaikirche als Mittelpunkt. Bis zur Mitte des 12. Jahrhunderts fanden hier die meisten Reichstage statt. 1229 ist der erste Rat der Stadt nachweisbar, 1333 wurden Alt- und Neustadt vereinigt, 1426 wurde die Stadt Mitglied der Hanse. 1477 ließ die Äbtissin Hedwig aufgrund ständiger Streitigkeiten zwischen Stadt und Stift sächsische Truppen unter Führung ihrer Brüder Ernst und Albrecht die Stadt besetzen und entzog ihr die Privilegien der freien Wahl des Stadtrats und der Mitgliedschaft in der Hanse. Der Dreißigjährige Krieg führte zu wechselnden Herrschaften, 1698 wurde Quedlinburg an Brandenburg verkauft.

Von der mittelalterlichen Stadtbefestigung sind noch wesentliche Teile erhalten geblieben – ebenso vier Türme an der westlichen Stadtmauer und vier in der Neustadt. 1310 entstand am Marktplatz, über Jahrhunderte Schauplatz für Huldigungszeremonien, Gerichtstage, kirchliche Prozessionen und politische Demonstrationen, Markttage und Volksfeste, im gotischen Stil das Rathaus, das 1613 seine heutige Renaissancefassade erhielt. Hinter diesem Gebäude befindet sich die Marktkirche St. Benedikti mit ihrem hohen Chor und spitzen Turm, deren früheste Datierung auf das Jahr 1233 verweist. Aber erst im 15. Jahrhundert entstand die dreischiffig gotische Hallenkirche. Am südwestlichen Ende des Marktes erhebt sich die noch ältere Pfarrkirche St. Blasii, die erstmals 1223 erwähnt wurde. Der erste Umbau fand bereits 1267 statt, ihre heutige Gestalt erhielt sie 1715 – als barocke Saalkirche mit einem achteckigen Grundriss. Möglicherweise hat Klaproth diese Kirche sonntags zum Gottesdienst besucht.

Als Klaproth als Lehrjunge in Quedlinburg lebte, war eine Schwester König Friedrich des Großen, Anna Amalia (1723-1787), ab 1756 Äbtissin des weltlichen Stiftes, die sich jedoch selten am Ort aufhielt.

Die *Rolandsfigur* am Fuße des *Rathauses* dokumentiert die ehemalige Zugehörigkeit zur Hanse. In einer Brockhaus-Ausgabe am Ende des 19. Jahrhunderts (14. Aufl.) wird die Stadt „in der Nähe des Unterharzes, an der Bode" wie folgt beschrieben:

„Der nördl. Arm der Bode oder Mühlengraben scheidet die Altstadt (von Kaiser Heinrich I. als Stadt begründet) von der im 12. Jahrh. angelegten Neustadt, während der südl. Arm (die Wilde Bode) diese beiden Stadtteile mit den Vorstädten Neuerweg, Westendorf und Münzenberg von der erst 1862 angelegten Vorstadt Süderstadt trennt."

Klaproths Lehrherr war der Apotheker Friedrich Victor *Bollmann* (1712-1789) aus einer alteingesessenen Quedlinburger Ärztefamilie. Sein Großvater war der Arzt Dr. Justus Friedrich Bollmann (1632-1698; Studium in Jena) und sein Vater Dr. Johann Heinrich Bollmann (1670-1728) veröffentlichte eine Schrift mit dem Titel „Kurzer und gründlicher Bericht einer wahren und aufrichten Goldtinktur" (1711). Dr. Christian

Polycarp Leporin (1689-1747), der Quedlinburger Rats(Stadt)physikus, geriet mit dem Verfasser und einflussreichen Bollmann darüber in Konfrontation. Leporin verfügte über pharmazeutische Kenntnisse und war Inspektor der 1674 vom Stift gegründeten Hofapotheke. Er warnte vor dem von Bollmann empfohlenen Goldpräparat – dem Trinkgold wurde eine lebensverlängernde Wirkung nachgesagt und als Geheimmittel und Spezialität waren jedoch „Goldtropfen" und kolloidales Gold bis in unsere Zeit gebräuchlich.

Geburtshaus von Dorothea Erxleben – heute Hotel
(Gedenktafel rechts vor dem Haus)

Zur Zeit von Klaproth, als er als Lehrling und noch ein Jahr nach seiner Ausbildung bis 1766 als Geselle in Quedlinburg lebte, wirkte dort auch die erste promovierte Ärztin Dorothea Christiane *Erxleben*, geb. Leporin (1715-1762) im Haus Steinweg 51, die Tochter des genannten Rats(Stadt)-physikus. Klaproth hat sie sicher gekannt. Dorothea Leporin wurde zunächst von ihrem Vater ausgebildet, durfte aber nicht wie ihr Bruder studieren. Ihr Vater wandte sich an König Friedrich II. (1712-1786; den Großen), welcher 1741 die Universität Halle anwies, Dorothea Leporin zur Promotion zuzulassen. Diese hatte inzwischen den verwitweten Diakon Johann Christian Erxleben (1697-1759) geheiratet, dessen und ihre eigenen Kinder erzogen. Sie praktizierte in ihrer Heimatstadt und übernahm trotz vieler Anfeindungen 1747 die Praxis ihres Vaters. Erst mit 39 Jahren konnte sie 1754 ein Studium in Halle mit der Promotion zum Dr. med. abschließen. Ihr Sohn Johann Christian Polycarp Erxleben (1744-1777) erhielt 1775 eine Professur für Physik und Tierheilkunde an der Universität in Göttingen und verfasste im selben Jahr sein Lehrbuch „Anfangsgründe der Chemie" (bei Dieterich in Göttingen erschienen und heute digitalisiert).

Klopstockhaus – heute Museum

Im *Klopstockhaus*, Schloßberg 12, ist ein Zimmer dem Leben und Wirken von *Dr. Dorothea Christiana Erxleben. Erste deutsche promovierte Ärztin* gewidmet.

Erinnerung im Klopstockmuseum an die Ärztin Dorothea Erxleben

---

Die bauliche Substanz der im einem denkmalgeschützten Gebäude befindlichen Apotheke in der Nähe des Rathauses gehört zum UNESCO-Weltkulturerbe und geht sogar auf einen Wohnturm aus der Zeit der Frühgotik an der Breiten Straße zurück, wovon noch zwei massive Wände vorhanden sind. Später wurde die Apotheke im Stil der Renaissance erneuert, wobei die zwei in der Südseite des Erdgeschosses befindlichen breiten Rundbögen entstanden. In der Mitte oder in der zweiten Hälfte des 18. Jahrhunderts fand dann noch einmal eine Umgestaltung im Stil des Frühklassizismus statt. Es entstanden die mit eigenen Giebeln bekrönten und in Fachwerkbauweise errichteten Seitenrisalite. Ob Klaproth diese Umgestaltung erlebt hat, ist nicht gesichert.

Rats- und Stadtapotheken waren noch im 16. Jahrhundert meist im jeweiligen Rathaus untergebracht. Und so berichtete Konrad Grünhagen (Dipl.-Ing.) in seiner Dissertation (TH Berlin, 1939) „Über den Bau und die Einrichtung von Apotheken in alter und neuer Zeit":

„In Quedlinburg wurde 1578 ein einfacher Bau vor der Südfront des Altstädter Rathauses errichtet, der zwei gewölbte Erdgeschoßräume (wohl Offizin und Labor) enthielt; ferner einen Raum für Vorräte im Keller und einen Schlafraum im Dachgeschoß. Das Obergeschoß war über eine angesetzte Wendeltreppe erreichbar. Außer dem Ratsapotheker, der Angestellter des Rates war, wurden ein Provisor und zwei ‚Discipuli‘ beschäftigt. Eine Eingabe vom Jahre 1588 verrät, daß der vorhandene Raum nicht ausreichte. 1618 wurde dieser Apothekenflügel wahrscheinlich abgerissen, um den Platz für den Bau des Südportals freizumachen.“

Klaproth verbrachte insgesamt 7 Jahre in der noch heute bestehenden Adler- und Ratsapotheke – 5 Jahre als Lehrling und 2 Jahre als Geselle.

Rats- und Adler-Apotheke – vor 1900

Zum 350. Gründungsjubiläum (1928) verfasste der Oberrealschuldirektor i.R. (der GutsMuths-Realoberschule) Dr. Hermann *Lorenz* (Weißensee/Thüringen 1860-1945 Quedlinburg), Archivar (Leiter des Ratsarchivs) und Heimatforscher im Auftrag der damaligen Apothekerfamilie Druckrey eine auf der Auswertung von Archivalien beruhende ausführliche Festschrift (verwendetes Exemplar aus „Deutsche Pharmazeutische Zentralbibliothek in der Württembergischen Landesbibliothek"). Daraus geht hervor, dass der heutige Apotheke am *21. November 1615* im sogenannten Gerlach-Haus ihren Betrieb aufnahm. Am 11. Mai 1615 hatte der Quedlinburger Magistrat, „laut des Kontraktes, der noch heute [1928] im Original vorhanden ist, vom Bürger C h r i s t i a n G e r l a c h den Häuserkomplex an der Ecke zwischen Breiter Straße und Kornmarkt für 2500 Taler" gekauft; „am St.-Kilians-Tage (8. Juli) 1615 fand die Uebergabe statt."

Die Adler- und Rats-Apotheke 2015

Es folgt nun die ausführliche und anschauliche Beschreibung des gesamten Apothekenanwesens, das sich bis zur Zeit von Klaproth nicht wesentlich verändert hatte:

„Bei dem Hauptgebäude fällt die außerordentliche Wucht der steinernen Erdgeschoßmauern auf; sie sind nicht weniger als 90 Zentimeter stark und bis zum Dach hinauf durchgeführt, so daß im Obergeschoß tiefe Fensternischen entstanden. Bei Privathäusern sind massive Steinwände, namentlich von solcher Stärke und Ausdehnung, außerordentlich selten, da doch der Fachwerkbau herrschte.*
(*Dieser massive Kernbau wird in das 15. Jahrhundert zurückgehen. In ihm schlug die Geschützkugel ein, die von dem Schlosse her von den sächsischen Kriegerscharen in die Stadt gefeuert wurde. Heute ist die Kugel draußen dicht neben dem linken Fachwerkvorsprung in die Grundmauer eingemauert. Auch der sonderbare steinerne Spitzbogen in der Breiten Straße, rechts vom Hauptgebäude deutet auf Entstehung noch in gotischer Zeit.)

Dieser Fachwerkbau, der sich in gleicher Schlichtheit bei der Seitenfront in der Breiten Straße fortsetzt, wird um 1600 hergestellt worden sein. Es ist unwahrscheinlich, daß der Magistrat, dem doch das Gebäude von diesem Jahre ab gehörte, die beiden erkerartigen Fachwerkausbauten über die massive Frontmauer hinaus nur deshalb ausführen ließ, um derselben ein noch imposanteres und gefälligeres Aussehen zu geben. Dafür fehlte jeder praktische Gesichtspunkt; die Verwendbarkeit der Apotheke wurde durch solchen Zierbau nicht im mindesten gehoben. Die Gerlachs werden ihn am Ende des 16. Jahrhunderts haben herstellen lassen.

Im großen und ganzen ist die Zimmerverteilung noch heute dieselbe. Das erfahren wir aus den Gebäude-Inventarien, die für jeden Pächter immer von neuem gefertigt wurden und im Ratsarchiv zum großen Teil noch jetzt vorhanden sind. Das älteste stammt vom *21. November 1615.* An diesem Tage begann der Apothekenbetrieb im Gerlach-Hause. Das erste Apothekenhaus vor dem Rathause wurde abgerissen, da im Jahre 1616, wie erwähnt, die Herstellung des Südportals begann.

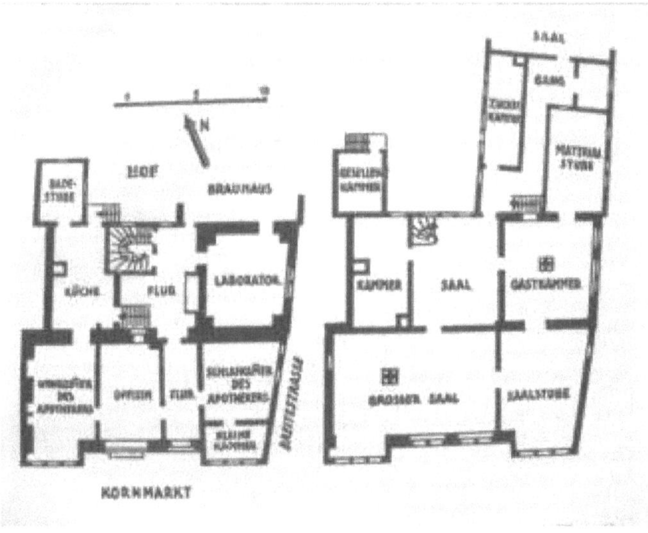

Grundriss der Adler- und Rats-Apotheke

Nicht unterkellert waren der Hausflur und die noch heute im Betrieb befindliche O f f i z i n. Aber unter den Fachwerkflügeln zogen sich Keller hin; daher muß man 2-3 Stufen emporsteigen, um in die über ihnen liegenden Räume zu gelangen. Es werden erwähnt: der Keller unter der Apothekenstube, der Wasserkeller (für destillierte Präparate), der Weinkeller und der Broyhanskeller.

In dem Flügel rechts vom Eingang lag an der Ecke ein gewölbter Raum, 1615 als Eckladen bezeichnet, dann als Speisekammer dienend. An ihn schlossen die zwei S c h l a f z i m m e r des Apothekers, an diese das noch heute unentbehrliche, massive und gewölbte L a b o r a - t o r i u m, daneben das Schlafkämmerlein für die Burschen (Lehrjungen).

Im Hausflur befand sich der noch jetzt vorhandene ‚gelbe Wandschrank‘, neben ihm führte wie heute eine mehrstufige Treppe in die A p o t h e k e n s t u b e, die mit der Offizin durch zwei Guckfenster verbunden war, doch noch nicht durch eine Tür. Daran schloß sich die K ü c h e (die jetzt oben ist) mit der B a d e s t u b e.

Neben ihr führte eine W e n d e l t r e p p e empor. Die Räume des Obergeschosses sind besonders interessant, sie enthalten nicht weniger als

25

3 ‚Säle‘. Unter diesen verstand man und versteht man noch heute in Quedlinburg größere Räume im Obergeschoß, die nicht Zimmer sind. Zunächst der S a a l a n d e r T r e p p e, von dem aus nach rechts eine Tür zu den Kammern führte (heute Speisezimmer). Nach dem Konrmarkt zu folgt zwei Stufen tiefer (genau wie heute) der G r o ß e S a a l, der sich anfangs nach rechts bis zur Wand des Nachbarhauses erstreckte, ein Repräsentationsraum, der durch seine Größe, die breiten Fensternischen und den Erker rechts überaus würdig gewirkt haben muß. Auf seiner rechten Schmalseite zeigte sich eine Tür, die früher den Durchgang zum Nachbarhause bildete, aber nicht mehr benutzt wurde.

Nach links ging es in die S t u b e a m S a a l. Von dieser führte durch die dicke Mauern eine Tür in das G a s t- und S c h l a f z i m m e r, das damals noch nicht in 2 Räume geteilt war und dessen mittlerer Tragbalken durch eine hölzerne Säule gestützt war. Von hier gelangte man in die geräumige ‚Materialkammer‘ und von dieser in die ‚Zuckerkammer‘ (heute Küchenräume). An ihnen führte der ‚Gang‘ vorbei nach dem H i n t e r e n S a a l e, der heute als Aufbewahrungsraum für Arzneien dient; hinter ihm war noch eine Stube, in der das Obergeschoß des Nebengebäudes endete.

Vom Gang führte eine sehr schmale Treppe (wohl dieselbe wie heute) zum Dachboden hinauf. Auf diesem befand sich die K r ä u t e r - k a m m e r und die G l a s k a m m e r, wahrscheinlich im Sommer 1615 eingebaut in aller Eile. Das bezeugen die höchst dürftigen, von früheren Bauten herrührenden Pfosten, die der Magistrat, offenbar aus Sparsamkeitsgründen, aus der Bauscheune heranholen ließ.

Im Hofe unten ist noch heute vorhanden links in der Ecke das S t a l l g e b ä u d e, das im Obergeschoß eine bewohnbare Kammer hatte, die noch jetzt vorhanden ist. Beseitigt ist der S c h u c k b r u n n e n aus der Mitte des Hofes und das G a r t e n h ä u s c h e n links im Garten; es enthielt auch im Obergeschoß eine ‚Sommerstube‘ mit Kammer. Die unteren Räume des Nebengebäudes links mit der Torfahrt nach der Breiten Straße enthielten eine Wohnstube und vor allem das B r a u h a u s. Der Magistrat hatte die Braugerechtigkeit des Gerlachschen Hauses mit erkauft und stellte sie dem Pächter der Ratsapotheke zur Verfügung. Dieser durfte den Broyhan, den er, wenn er an die Reihe kam, herstellen ließ, verkaufen oder auch das Brauhaus verpachten, wobei er einen Gewinn von mindestens 70 Talern jährlich erzielte."

An diese ausführliche Beschreibung aus dem Jahre 1928 anschließend berichtete H. Lorenz über die Veränderungen – *baulichen Verbesserungen* – im Jahre 1766, als Klaproth bereits in Hannover war.

Ebenso ausführlich wie über das Gebäude der Rats-Apotheker berichtete H. Lorenz auch über die um 1665 gedruckte „Quedlinburgica Officina Pharmaceutica, gedruckt zu Quedlinburg mit Sievertschen Lettern." – Die Ausführungen werden hier ebenfalls vollständig zitiert, um so ein Bild von den Pharmazeutika zu vermitteln, mit denen auch Klaproth zu tun hatte:
H. Lorenz schrieb:
„In 57 Abteilungen zählt es lateinisch und deutsch alle Arzneimittel auf, die in der Apotheke vorhanden sein sollen. Es sind fast 2500. Und für jeden Stoff und jedes Präparat ist genau der Preis angegeben, über den der Apotheker nicht hinausgehen durfte.
Von diesen Stoffen und Mitteln sind noch heute viele im Gebrauch, namentlich aus dem Pflanzenreiche. Andere wieder sind schon im 18. Jahrhundert als völlig unnütz gestrichen. Und wir Heutigen schütteln den Kopf darüber, was für s o n d e r b a r e s Z e u g, zum Teil vom Aberglauben früherer Zeiten umweht, noch um 1700 der Heilkunde dienen sollte. Es werden im Folgenden eine Reihe von Beispielen angeführt.
Von den Erdarten und gewöhnlichen Steinen seien erwähnt: Bolus, ungelöschter und gelöschter Kalk, Alabaster, Krystall, Arsenik, Bimsstein, Kieselstein, Schmirgel, von edlerem Gestein: Amethyst, Karneol, Koralle, Granatsteine, Perlen, Perlmutter, Rubin, Saphir, Smaragd (doch nicht der in andern Verzeichnissen mit aufgezählte Diamant), von metallischen Stoffen: Kupfer, Grünspan, Arsenik, Bleiweiß, gefeilter Stahl, Zinnober. Die größte Anzahl von Heilstoffen stellt das Pflanzenreich, im ganzen 768, darunter die Wurzeln 118 und die Blätter von Kräutern, Stauden und Bäumen 227;

dazu kommen die Blumen und Blüten, Samen, Früchte, Hölzer (z. B. von Eiche, Buchsbaum, Epheu, Tamariske, Mispel), Rinden, Schalen, Harze, Gewürze.

Es folgenden dann die Flüssigkeiten. Es werden die reinen Weine nicht als Heilmittel aufgezählt, wohl aber die Wein- und Alkoholdestillate, aus den verschiedensten Pflanzen, Früchten, Chemikalien, ebenso die Destillate mit Wasser. Merkwürdige Erzeugnisse sind unter den O e l e n aufgeführt (den ausgepreßten, abgekochten und destillierten): Regenwurm-, Tabak-, Bernstein-, Ziegelstein-, Pappelknospenöl, Oel aus Fröschen, Froschlaich, Regenwürmern, Bibergeil.

Aus den Gruppen Blasame, Pulver und Mehle, Essige, Latwergen (breiartige Arzneien), Elixiere, chemische Salze, Salben, Pflaster ist nichts Bemerkenswertes hervorzuheben. Sehr reichhaltig sind die Z u c k e r - p r ä p a r a t e vertreten, die Büchsen mit eingemachten Beeren und Früchten, die kandierten Stücke, wie Ingwer, Pomeranzenschalen, Mandeln, Kalmus, Zitronate, Birnen, Nüsse, dann die Küchlein, Zeltlein und die Morsellen [länglich-viereckige Täfelchen aus eingedampfter Zuckerlösung und zerkleinerten Gewürzen; G.S.] mit Rosenblättern oder allerlei Gewürz, und anderes Konfekt, einschließlich Honigkuchen, unter dem der echte Nürnberger nicht fehlt. Die Apotheke scheint mit der dergleichen, als einzige Bezugsquelle, ein nicht geringes Geschäft gemacht zu haben.

Zum Schluß seien als sonderbarste Rarität die Arzneimittel aus dem T i e r r e i c h erwähnt, zunächst die ‚ganze Tiere‘, wie ‚bereitete‘ Keller-Asseln, gedörrte Kröten, zubereitete Regenwürmer, gedörrte Eidechsen, gebrannte Maulwürfe, sodann Teile von Tieren: Horn und Klauen von Elendtieren, Zähne vom Wildschwein, Krebsaugen, Bibergeil, gefeiltes und gebranntes Hirschgehörn, Hirschtränen (Augenschmalz von Hirschen), Hirschrute, gefeiltes und gebranntes Elfenbein, Hühnergurgel, Hasenherz, gebranntes Hasenhaar, Hasenknöchlein, Hechtzähne, Wolfsleber, Quappen-Rückgrat, Hirsch-Herzbeinlein, die inneren Häutlein von Hühnermagen, Steine aus dem Kaulbars, Rebhühnerfedern, getrocknetes und gestoßenes Ochsenblut, Ochsengalle, Ochesenrute, präparierte Fuchslunge.

F e t t e oder T a l g e waren von folgenden Tieren vorhanden: Enten, Gänsen, Reihern, Aschen, Hunden, Kapaunen, Bibern, Hühnern, Hasen, hechten, Schafwolle, Schweinen, Fasanen, Schlangen, Dachsen, Bären, Füchsen, Hirschen. Dazu kamen als anderweitige Erzeugnisse des Tierreiches: Ziegenbutter, Wachs aller Art, Honig, Bisam, Hirschblut, Bocksblut, präpariertes Schwalbennest, Eierschalen von ausgebrüteten Hühnlein, Zibet, weißer Hundekot.

Das Seltsamste und Widerwärtigste aber waren die Präparate aus m e n s c h l i c h e n L e i b e r n: das aus Menschenknochen gewonnen Oel (das Lot zu 8 ggr. 3 Pfg.), das M e n s c h e n f e t t (das Lot zu 2 ggr.) und, wie es in Kapitel 8 heißt, das *cranium humanum non humatum*, d.h. Hirnschale von n i c h t b e g r a b e n e n M e n s c h e n s c h ä d e l n. Der Verkauf von Hirnschalen begraben gewesener Schädel galt als Betrug. In der Quedlinburger Taxe von 1661 ist das Lot ‚präparierter Menschen-Hirnschale' mit 5 ggr. 6 Pfg. angesetzt. 1701 aber nur noch mit 2 ggr."

(ggr.: Gute Groschen – 1 Taler = 24 gute Groschen oder 288 Pfennig; 1 Lot ca. 14,9 g)

Klaproths Lehrherr *Bollmann* hatte in der Rats-Apotheke (gegründet 1575, heute Breite Straße 22) beim Apotheker Möller zu Wernigerode als „Discipel" von 1726 bis 1732 gelernt. Nach Tätigkeiten als „Geselle" für je ein Jahr war er zunächst noch in Wernigerode in der Rats-Apotheke und hat dann in Braunschweig, Halle, Nordhausen und Zittau gearbeitet, bevor er 1740 die Pacht der Quedlinburger Rats-Apotheke erhielt, die sich wie beschrieben in städtischem Besitz befand. Sein Handwerk hatte er in den langen Wanderjahren sicher erlernt – er wird als guter praktischer Apotheker bezeichnet, der jedoch kaum über ein wissenschaftlich fundiertes Wissen verfügte.

Ratsapotheke in Wernigerode 2015 – Lehrapotheke von Bollmann

In einer Denkschrift auf Klaproth wird folgende Schilderung über die Lehrzeit von Klaproth überliefert:

„Eines von meinem Lehrherrn genossenen Unterrichts kann ich mich nicht rühmen, sondern ich mußte mich nach damaliger Sitte mit demjenigen begnügen, was ich von dem handwerksmäßigen Verfahren meiner älteren Mitgenossen absah und durch sparsames Lesen einer oder des anderen veralteten Apothekerbuches, wozu aber überhaupt wenig Muße vergönnt war, mir zu eigen machen Gelegenheit fand.“

(E. G. Fischer: Denkschrift auf Klaproth. Abhandlungen der königlichen Akademie der Wissenschaften in Berlin 1818/19, S. 11-26. Berlin 1830 – zitiert nach G. Dann)

Ein anschauliches Bild über die damalige Ausbildung von Apothekern vermittelt Ernst Wilhelm Martius (1756-1849) in seinen Erinnerungen. Martius war Universitätsapotheker in Erlangen, hatte dort in der Apotheke seines Onkels in Erlangen seine Lehre absolviert und lehrte auch 1818 bis 1824 als Privatdozent an der Friedrich-Alexander-Universität zu Erlangen, wo er den Grundstein für eine fundierte pharmazeutische Ausbildung legte (Universitätsarchiv Erlangen). Er schrieb (1847) über seine Lehrzeit (noch im 18. Jahrhundert):

„Nach dem damaligen Herkommen war sie eine Zeit der Prüfung für einen lebensfrohen der Freiheit gewohnten Knaben. Man mußte eine mehrjährige Knechtschaft und mancherlei Demütigungen ertragen. Mein Lehrherr sprach mich nicht anders an als ‚Ihr‘. Bei Tisch erhielt ich keine Serviette und keinen silbernen Löffel, mein jugendliches Haupt war noch nicht würdig, Haarpuder, das Symbol der freien Mannheit, zu empfangen. Wenn ich in Diensten des Hauses ausgeschickt wurde, durfte ich die Schürze nicht ablegen, welche mich als Lernenden und Dienenden bezeichnete. Was aber das Ärgste für mich war, so gab es für mich, die Frühstunden des Sonntags abgerechnet, wo ich die Kirche besuchen durfte, keinen freien Ausgang. Mein Dienst verlangte zunächst lauter mechanische Arbeiten, wie stoßen, Wurzel schneiden und dergleichen. Den wissenschaftlichen Anteil des Geschäftes mußte ich weniger durch persönliche Unterweisung als durch sorgsames Zusehen und Aufmerksamkeit auf die Handgriffe und Handlungsweisen der übrigen Arbeiter erlernen. Der Arzneischatz war noch reicher als jetzt. Der Lehrling hatte daher viel zu tun, um sich der deutschen und lateinischen Nomenklatur so zahlreicher Rohstoffe und zusammengesetzter Arzneien vertraut zu machen. Zu diesem Ende gab man mir einige Arzneitaxen in die Hand. Um mich in die Geschäfte des Receptarius einzuüben, mußte ich demselben als Handlanger dienen. Auch war diesem schon deswegen ein Gehülfe notwendig, weil er manchmal in einem Rezept 10 und 20 Ingredienzien vereinigen mußte; diese also hatte ich zusammenzutragen.“

Hannover 1766 bis 1768

Ostern 1766 wechselte Klaproth von der Rats-Apotheke in Wernigerode, wo er sieben Jahre gearbeitet hatte, als Apothekengeselle an die *Königliche Hof-Apotheke* in die Residenzstadt Hannover.

Die Hof-Apotheke wurde 1680 gegründet, als Herzog Ernst August von Braunschweig-Calenberg (1629-1698) den Apotheker Christian Jäger (1637-1719) nach Hannover berief. Jäger hatte zuvor seit 1668 auf Schloss Iburg bei Osnabrück die dortige Apotheke betrieben – heute Gebäude Alte Hofapotheke am Schloss (Geschäftsstelle des Landschaftsverbandes Osnabrücker Land). 1662 war Ernst August Fürstbischof von Osnabrück geworden und residierte zunächst wie seine Vorgänger auch im südlich der Stadt gelegenen Schloss, das ihm für seine Ansprüche jedoch nicht genügte. Er kaufte 1667 ein Gelände in der Neustadt und begann mit dem Bau eines vierflügeligen Schlosse im Stil des Barock, das 1673 vollendet war. Die Familie verließ das Schloss, als Ernst August die Nachfolge seines älteren, 1679 verstorbenen Bruders Johann Friedrich im Herzogtum Calenberg mit der Residenz in Hannover anzutreten. Das Schloss wurde im Zweiten Weltkrieg zerstört, jedoch wieder aufgebaut und ist heute Sitz der Verwaltung der 1973 gegründeten Universität.

Der Apotheker Jäger musste als Hofapotheker den gesamten Hof mit Arzneimitteln versorgen, wobei den Hofbediensteten nach der Bestallungsurkunde eine freie Arzneiversorgung zustand, wofür der Hofapotheker eine Pauschale von 500 Talern erhielt.

Im Stadt-Anzeiger (Hannover) vom 16. Mai 2013 (Nr. 112) ist der Text der Urkunde zur Lieferung von Arzneien an den Hof wiedergegeben:

„Insonderheidt aber soll unndt will Er für Uns, Unsere Liebe Frau Gemahlinnen, Printzen und Prinzeße, das für unsere Frau Gemahlinnen Ihre Hoffmeisterinnen unndt daß adeliche FrauenZimmer bey Hofe, für die Cammer- unndt Alt-Frauen, Cammer- unndt Wasch- auch des adelichen Frauenzimmers-Mägde, für die Mägde in den Küchen, unndt Silber-

kammer, ferner für Unser Ober Hoff Marschall unndt Oberschencken, für die jetzigen beyden Leib Medicos, für die gesambten Pagen, Cammer Diener unndt Cammer Knechte, Küchenmeister unndt Küchenschreiber (...) Cutscher unndt dahingehörige, Hofjäger unndt bey der Hoffstaat befindliche Jäger unndt Knechte unndt Jungens, Falociniers unndt deren Knechte, Fogelfänger unndt Federschützen, Burg- unndt Schlossvoigte, Nacht- unndt Schlosswächter, Fewerbeuter unndt Schornsteinfäger die benötigten Medicamente (...) abfolgen lassen."

Als der Sohn von Ernst August, Kurfürst Georg Ludwig (1660-1727), in Folge der Personalunion mit England 1714 König in England wurde, erhielt Jäger den Titel Königlich Groß-britannischer und Churfürstlich Braunschweig Lüneburgischer Hofapotheker. Die Söhne Ernst August († London 1752) und Christian d. J. betrieben die Hofapotheken in Hannover und London. Als nächste Generation führten die Söhne der Schwester Adriane Wilhelmine, die in die in Hamm ansässige Apothekerfamilie Brande eingeheiratet hatte, Christian Heinrich (um 1702-1750 London) und August Hermann Brande (1708-1783) die Hofapotheke. Die beiden Brüder führten die Betriebe in London bzw. Hannover weiter.

Und zu August Hermann *Brande* kam Klaproth als Apothekergeselle und war in Hannover von 1764 bis 1766 in der am Steinweg, in der Calenberger Neustadt angesiedelten Apotheke tätig, die sich später wegen der Nähe zum Schloss Schloss-Apotheke (ab 1890) nannte (nach der Zerstörung im Zweiten Weltkrieg 1956 wieder aufgebaut – Calenberger Esplanade 2A. Sie wurde 1668 als „öffentliche" Apotheke privilegiert. Der Apotheker Brande war aber offensichtlich von 1752 bis 1772 als Leiter der Apotheke in London und in Hannover vertraten ihn um 1766 der Provisor Zimmermann, dem der Provisor Stuhr noch zur Zeit von Klaproth folgte.

Über Klaproth in Hannover erfahren wir Einzelheiten von dem späteren Raths-Apotheker in Hameln, Johann Friedrich *Westrumb* (1751-1819), der in seinem „Handbuch der Apothekerkunst" (1795) über seine Lehrzeit in der Hof-Apotheke zu Hameln berichtet:

„Ich war in meiner Lehrzeit doppelt übel daran; als Knabe von 13 Jahren [1764] trat ich in die Lehre. Meine Schulkenntnisse waren äußerst eingeschränkt. Meine Vorgesetzten verstanden selbst äußerst wenig; es fehlte ihnen an der Kunst, dies wenige mitzuteilen, und den armen Boden, den sie bei mir antrafen, zu bebauen und fruchtbar zu machen. Der Unterricht, den ich lange Zeit hindurch genoß, war erbärmlich, und die Bücher, die ich zu lesen bekam, bestanden in der Arznei-Taxe und der Flora francica. Mein wißbegieriger Geist war damit nicht zufrieden, ich verfiel auf Abwege und las, was ich schon als Schulknabe gern getan hatte, Reisebeschreibungen, Gedichte, Comödien, Romane, und zwar, weil man mir diese Leserei untersagte, jetzt heimlich. Vielleicht liebte ich das Lesen solcher Bücher noch jetzt und triebe es mit demselben Eifer, hätte nicht die gütige Vorsehung, kurz vor Ablauf meiner Lehrzeit, einen äußerst geschickten und fleißigen Mann, den jetzigen Professor Klapproth zu Berlin, in unser Haus geführt. Das Beispiel dieses mir werthen Mannes, der sich mit dem Studio der lateinischen Schriften eines Cartheuser, Spielmann u.a. beschäftigte, und manchen Versuch machte, den die sogenannte Defecttafel nicht gerade vorschrieb, reizte mich zur Nachfolge; ich lag nun emsig dem Lesen dieser und andrer wissenschaftlicher Werke ob. Leider verstand ich sie nicht...“

Der Pharmazeut Johann Friedrich *Cartheuser* (1704-1777) praktizierte nach dem Studium der Medizin in Jena zunächst als Arzt, setzte dann seine Studien in Halle fort und promovierte dort 1731. 1739 erhielt er an der Universität Frankfurt/Oder die Professur für Chemie, Pharmazie und Materia medica, später lehrte er auch Anatomie und Botanik. 1757 entdeckte er das Kaliumhydrogencarbonat. 1736 (2. Aufl. 1766) bzw. 1745 (2. Aufl. 1770) erschienen seine pharmazeutisch-chemischen Lehrbücher *„Elementa chymiae medicae dogmatico-experimentalis“* bzw. *„Pharmacologia theoretico-practica“*.

Der Mediziner und Apotheker Jacob Reinbold *Spielmann* (1722-1783) war Eigentümer der Hirsch-Apotheke in Straßburg und zugleich ab 1759

Professor der Medizin, Chemie und Arzneimittellehre an der Universität. In seinem Apothekenlaboratorium fanden bereits chemische Übungen statt, an denen u.a. auch *Goethe* teilnahm. Seine Vorlesungen erschienen als Lehrbuch ab 1763 mit dem Titel *„Institutiones chemiae praelectionibus academicis accomodatae"* in mehreren Auflagen – in deutschen Sprache als *„Chemische Begriffe und Erfahrungen"* erstmals 1783.

Von Westrumb erfahren wir auch, dass es in Hannover zu dieser Zeit noch eine zweite Apotheke gab, die in der Biographie (ADB) des Apothekers Johann Gerhard Reinhard *Andreae* (1724-1793), auch als „Hof-Apotheke", an anderer Stelle aber als „Hirsch-Apotheke" oder auch „Andreae-Apotheke" bezeichnet wird.

Westrumb schrieb:
„Gegen Ende dieser meiner Laufbahn führte mich die Vorsehung einem der würdigsten Menschen, die ich je gekannt habe, den mir ewig unvergeßlichen Botaniker *Ehrhardt*, zu. Ihm verdanke ich außerordentlich Viel, und vorzüglich die Kunst, die Schriften Andrer mit Nutzen zu lesen, seine eigenen Gedanken und Kenntnisse richtig ordnen und Andern wieder mittheilen zu können."

Jakob Friedrich Ehrhart (1742-1795 –
ab 1780 Hofbotaniker in Herrenhausen)

Die Geschichte der Apotheker bzw. Apotheken in Hannover beginnt nachweislich 1487 bzw. 1565. Im Stadtlexikon Hannover wird berichtet: „Das Amt des Apothekers wurde vom Rat gegen Gebühr auf Zeit überlassen. Die ma. A. führten neben Heilmitteln u. Kräutern alkoholische Getränke, Süßwaren, Gewürze, Bindfäden, Terpentin, Papier, Tinte, im 18. Jh. kamen neue Luxusartikel wie Tee, Tabak, Schokolade, Kaffee hinzu. (…) Die nachweisl. Älteste A. war die Rats-A. (1568), 1636 Gründung der zweiten A. in der Calenberger Neustadt an der sog. Kloppenburg; überwiegend vom hzgl. Hof frequentiert. 1645 von der Familie Andreae („Andreae & Comp.") übernommen u. bis 1803 weitergeführt, 1657 auf hzgl. Wunsch Verlegung (Am Steinwege; ab 1812 Calenberger Str. 229). Die Inhaber stellten mit Unterbrechungen die Hofapotheker (J.G.R. Andreae). In direkter Nachbarschaft (Calenberger Str. 245) 1680 Gründung der hzgl. Hof-A. durch den Osnabrücker Hof-Apotheker Chr. Jäger, 1814 kgl. Hof-, seit 1890 Schloss-A."

Ausschnitt aus dem Stadtplan der Residenzstadt Hannover 1834 –
mit der Calenberger Straße und Angabe „Apotheke"

In der Hirsch-Apotheke von Johann Gerhard Reinhard *Andreae* (1724-1793) war der von Westrumb genannte Botaniker Jakob Friedrich *Erhar(d)t* (1742-1795) tätig, welcher zunächst den Beruf des Apothekers erlernt hatte und 1770 zu Andreae kam, der ihn besonders förderte. 1774 studierte er bei dem Botaniker und Naturforscher Carl von Linné (1707-1778) und dem Chemiker Torbern Bergman (1735-1784) in Stockholm, kehrte 1776 nach Hannover zurück und wurde 1780 Hofbotaniker in Herrenhausen.

Johann Gerhard Reinhard Andreae (1724-1793)

Ob Klaproth Kontakt zu dem ebenfalls als Hofapotheker bezeichneten Andreae gehabt hat, dessen Apotheke sich ja in nächster Nähe befand, ist nicht belegt. Andreae, der die Apotheke seines früh verstorbenen Vaters – 1747 zunächst als Verwalter, 1751 als Besitzer – übernahm, war nicht nur Apotheker, sondern auch Chemiker, Mineraloge und Botaniker. Er hatte zunächst in der väterlichen Apotheke seine Lehre begonnen, sich 1744 in Berlin weitergebildet (durch Vorlesungen am Collegium medico-chirurgicum), 1746 in Frankfurt am Main in der Heerischen Apotheke gearbeitet und anschließend in Leiden studiert. Von England aus kehrte er 1747 nach Hannover zurück. 1765 erhielt er von der Königlichen Kammer den Auftrag, die wichtigsten Erd- und Mergelarten zu untersuchen, d.h. zu beschreiben und zu analysieren.
Die zwei Jahre in Hannover werden von allen Biographen Klaproths allgemein als Beginn seines wissenschaftlichen Interesses bezeichnet.

Berlin 1768 bis 1770

Als Geselle bzw. Gehilfe setzte Klaproth seine berufliche Entwicklung in der *Apotheke zum Engel* in Berlin fort – in der Mohrenstraße 5, Ecke Mauerstraße, am Zietenplatz gelegen und erst 1739 gegründet. Apotheker war Gabriel Heinrich *Wendland* (geb. um 1730) – 1796 feierte er seine 50jährige Berufstätigkeit, „auf Einladung und Kosten der Berliner Apotheker in ihrem Kreise glanzvoll" (wie G. E. Dann in einer Anmerkung schrieb).

Hermann Gelder berichtete in seinem Beitrag „Zur Geschichte der privilegierten Apotheken Berlins" (1925) über die *Engelapotheke* im Einzelnen:
„Privileg vom Jahre 1739 für *Joh. Friedrich Junge* in seinem erbauten Hause am Zietenplatz, Mauer-, Ecke Mohrenstraße (Mohrenstr. 5). Seine Witwe heiratete 1756 *Gabriel Heinrich Wendland*. Am 10.4.1746 in die Lehre getreten, feierte er 1796 sein 50jähriges Berufsjubiläum. Aus diesem Anlaß gab der Berliner Apotheker-Verein ihm zu Ehren ein Fest (bei Krause), für das *Wendland* sich revanchierte durch eine Feier mit Damen im Tiergarten. Sein Sohn kauft die Apotheke für 20 000 Taler (1799 bis 1822). Ihm folgt 1823 *Karl Friedrich Bärwald* (geb. 1797, gest. 1871), Sohn des gleichnamigen Besitzers der Schwanenapotheke *Friedrich Wilhelm Bärwald*. Er zog sich 1844 vom Geschäft zurück und betätigte sich hervorragend im Kommunaldienst. Er war seit 1845 Stadtältester und Verwaltungsdirektor der Städtischen Gasanstalten. Zu seiner dauernden Ehrung wurden nach ihm benannt die Bärwald-Straße und –Brücke. Als sein Nachfolger erscheint (1851) *Kluge*, der vom Hofapotheker *Altmann* abgelöst wird (1854-1862). (…) 1872 wurde die Apotheke infolge der Erbauung des Kaiserhotels auf diesem Gelände verlegt nach der Kanonierstraße…" (aktueller Name: Glinkastraße – Friedrichstadtapotheke als Nachfolgerin in Nr. 4).

Heutige Friedrichstadt-Apotheke Glinkastraße/Ecke Mohrenstraße

Die heutige *Friedrichstadtapotheke* berichtet auf ihrer Webseite ausführlich über die Geschichte dieser Apotheke. Daraus sind folgende Details aus der Zeit von Klaproth zu erfahren.

„Erste Apotheke am Wilhelmplatz. (…) Auf diesem 1732 angelegten Exerzierplatz hatte nie ein Markt stattgefunden und 1749 erfolgte die Umbenennung in Wilhelmplatz (ab 1950 Thälmannplatz, ab 1986 Otto-Grotewohl-Straße, ab 1993 wieder Wilhelmplatz). Ein Teil des Wilhelmplatzes, zugleich die verbreiterte Verlängerung der Mohrenstraße, trug von 1849 bis 1968 den Namen Zietenplatz.

Bis zum Abriss des Apothekengebäudes im Jahre 1872 für den Bau des Hotels ‚Der Kaiserhof' befand sich die Apotheke immer an diesem Standort, allerdings unter verschiedenen Adressen..."

Vom 2003 an seinem historischen Standort wieder aufgestellten Zieten-Denkmal aus gesehen – in Richtung auf den Deutschen Dom auf dem Gendarmenmarkt – lag die Apotheke mit der Figur eines Engels als Zeichen des Hauses.

In weiteren Kapiteln der Friedrichstadt-Apotheke ist zu lesen:

„Der **Soldatenkönig erteilt das Apothekenprivileg**.

Der Apotheker Johann Friedrich Junge hatte an der Ecke Mauer- und Mohrenstraße, gegenüber der auf dem ‚Hammelmarkt' erbaten und 1739 eingeweihten Dreifaltigkeitskirche, ein Haus gebaut und den ‚Soldatenkönig' Friedrich Wilhelm I. (1713-1740) ersucht, ihm die Anlage einer weiteren Apotheke, der sechsten in der Friedrichstadt, zu erlauben. Am 18. November 1739 unterzeichnete der König das Privileg. Diese Urkunde verbrannt am 2. Mai 1945, als die Apotheke im Kampf um das Regierungsviertel in Flammen aufging. Textteile haben sich jedoch erhalten:

Also privilegieren und begnadigen Wir Vorbemeldeten Johan Friedrich Junge hiermit allergnädigst, und verstatten demselben, dass er eine Medicin-Apotheke in seinem auf der Friedrichstadt allhier neu erbautem Hause anlegen, alle einem Medicin-Apotheker zu führen erlaubten Waaren anschaffen und damit handeln möge, jedoch muß Impetrant seine Officin jederzeit mit tüchtigen und frischen Medicamenten und Apothekenwaren versehen, solche nicht vertheuern, sondern um billigen Preis geben, auch geschickte und gewübte Provisores halten und sich sonst in allen Stücken nach der publicierten Medicinal-Ordnung halten.

Wir befehlen auch Unserer Churmärckischen Krieges und Domainen Cammer, Ober Collegio Medico und Magistrat Unserer Residentzien hiermit allergnädigst, den Imetranten bey diesem ihm von Uns verliehenen Privilegio jederzeit zu schützen und handhaben. Zu Uhrkund dessen haben Wir dieses Privilegium höchsteigenhändig unterschrieben und mit Unserem Innsiegel bekäftigt.

So geschehen und gegeben zu Berlin den 18ten Novembris 1739.

Friedrich Wilhelm

Friedrich der Große überträgt das Apothekenprivileg

Letztmals steht Junge 1756 im Adressbuch, danach ‚Witwe Jungin‘. Sie heiratete den Apotheker Heinrich Gabriel Wendtland. Das Privileg wurde renoviert. Confirmiert, am 23. Januar 1765 auf den Nachfolger transferiert und von König Friedrich dem Großen (1740-1786) unterzeichnet. Dort heißt es:

Demnach der Apothequer Heinrich Gabriel Wendtland bey Uns allerunterthänigst Ansuchung gethan, dass das Apothequer-Privilegium, so der verstorbene Junge von dero höchstseelig Königs Majes: unter 18then Novbr 1739 auf hiesige Residentzien erhalten und deßen nunmehr auch mit abgegangene Witwe, mit welcher sich der Wendtland nachher wieder verheiratet gehabt pendente mitrmonio ihm cediret worden, auch durch einen mit ihren Kindern unterm 11 October 1763 getroffenen Vergleich wie deshalb geschlichtete Streitigkeiten sich völlig erlediget, nunmehro auf ihn und seine Erben transferiret werden möge. (…)

Im Jahre 1799 wohnten in der Friedrichstadt etwa 40.000 Einwohner in 1738 Häusern, als Wendtlands Sohn Friedrich Heinrich Jacob die Apotheke für 20.000 Thaler kaufte und sie nach Angaben im Adressbuch von 1799 ‚…in seines Vaters Hause, zum Engel genannt…‘ führte. (…)

Epilog

Alle Türen und viele Fenster der Dreifaltigkeitskirche waren mit Köpfen von Engeln verziert, und in der Engel Apotheke wurde gerne erzählt, dass der Name dort seinen Ursprung habe und in dem Privileg bestimmt sei, dass die Apotheke bei Ortswechsel immer in der Nähe der Dreifaltigkeitskirche bleiben müsse, damit der Engel immer ‚die Flügel des Segens über das Unternehmen breiten könne‘. Bis 1945 befand sich auch immer ein goldener Engel über den Apothekeneingängen. Dann wurden Kirche und Apotheke zerstört. Die Engel sind davongeflogen.

Nachzutragen bleibt, dass weder die Dreifaltigkeitskirche noch das Hotel Kaiserhof wieder aufgebaut wurden. Der Wilhelmplatz ist verschwunden, die Straßenführung der Mauerstraße wurde geändert und auf dem ehemaligen Gelände der Kirche und des Hotels Kaiserhof findet man heute die Nord-Koreanische Botschaft, in den dicken Sandsteinmauser des ehemaligen Allianz-Gebäudes stecken immer noch die Eisen, an denen die Leuchtschrift der Engel-Apotheke befestigt war.“

Zur Erläuterung:

Als die Berliner Bevölkerung auf 827 Tausend 1871 (und auf über 2 Millionen 1912) angewachsen war, hatte die „Allianz und Stuttgarter Verein Versicherung-Aktien-Gesellschaft Berlin“ im Bereich der Kanonier-, Mohren-, Mauer- und Taubenstraße Grundstücke erworben und bebaut sowie 1928 erweitert. Die Apotheke bezog danach Mieträume an der südlichen Seite des Allianz-Generaldirektionsgebäudes in der Kanonierstraße 45 (identisch mit der späteren Adresse Mohrenstraße 63/64) – gegenüber der Dreifaltigkeitskirche, halbrechts vom Hotel Kaiserhof, direkt vor der heutigen U-Bahnstation Mohrenstraße.

In der ausführlichen Geschichte der heutigen „Friedrichstadt Apotheke“ (Mohrenstraße 8) im Internet wird die Tätigkeit von Klaproth jedoch nicht erwähnt.

In der Leipziger Straße 57/58 – von der U-Bahnstation Stadtmitte über die Kronenstraße zu erreichen – gibt es jedoch eine *Heinrich Klaproth Apotheke.*

Danzig 1770/1771 – ein kurzes Intermezzo

Um Michaelis 1770 (Ende September) nahm Klaproth eine Stelle als Rezeptar (Rezepter) in der Rats-Apotheke von Danzig an. Als *Rezeptar* wird zunächst ein meist historisches Arzneibuch bezeichnet, aber auch eine Person, die Arzneimittel nach Rezept herstellt. Inhaber der damaligen Rats-Apotheke war Johann Alexander *Hevelke* (1731-1806 – Angehöriger der Familie des berühmten Astronomen Johann Hevelke), Dr. med. und Arzt, der sie von 1765 bis 1800 besaß. Warum Klaproth nach Danzig wechselte, lässt sich anhand von Dokumenten offensichtlich nicht erklären. Möglicherweise hatte Klaproth die Hoffnung, dort zum Provisor aufzusteigen.

Danzig hatte sich aus einer slawischen Siedlung um 1178 zu einer deutschen Marktsiedlung entwickelt, die vermutlich um 1240 das Lübische Stadtrecht erhielt und 1361 Mitglied der Hanse wurde. Als Rechtstadt bezeichnet – der Deutsche Orden verlieh ihr 1343 auch das Culmer Recht – entwickelte sich Danzig wirtschaftlich sehr rasch. Nach dem Verfall des Ordensstaates unterstellte sich die Stadt der polnischen Oberhoheit (1453/1457). Kriege Polens gegen Schweden berührten auch Danzig – wie der Zweite Nordische Krieg 1721/22. Die erste Polnische Teilung, nach der Danzig jedoch bei Polen blieb, fand 1772 statt, als Klaproth schon wieder in Berlin war. Im Ballungsraum Danzig lebten bereits 1650 bis zu 100 Tausend Menschen – damit war Danzig vor Wien, Augsburg, Köln und Hamburg (und mit Berlin gar nicht zu vergleichen) die volkreichste Stadt mit einer deutschen Einwohnerschaft.

In den wenigen Monaten seiner Tätigkeit in der Rats-Apotheke wird Klaproth nur wenige Kontakte geknüpft haben können – denn bereits im März 1771 kehrte er nach Berlin zurück.

Die Kontakte zur Rats-Apotheke blieben aber offensichtlich bestehen. Ein Lehrling Klaproths, Friedrich David Lichtenberg (1774-1847), der 1803 Vorsteher der Pharmazeutischen Gesellschaft in Berlin war und auch einige wissenschaftliche Arbeiten u.a. in „Scherers Allgemeinem Journal der Chemie" sowie im „Neuen Journal für Chemie, Physik und Mineralogie" (1811: „Untersuchung des Ostseewassers") veröffentlichte, wurde 1806 Besitzer der Rats-Apotheke in Danzig. 1812 erschien sein Bericht über das Ostseewasser auch in Hufelands „Journal der praktischen Arzneykunde und Wundarzneykunde", mit der Anmerkung des Danziger Medizinalrates Dr. Kleefeld: „Auf meine Bitten unterzog sich der Apotheker Lichtenberg der Mühe, das Ostsee Wasser unserer Küste zu untersuchen. (…) Ich glaube dem ärztlichen Publikum einen Gefallen zu thun, wenn ich diesen interessanten Aufsatz des Hrn. *Lichtenberg* mit seiner Bewilligung hier mitteile…" In der Lichtenbergschen Apotheke arbeiteten Heinrich und Wilhelm Rose, die Söhne des Apothekers Valentin Rose des Jüngeren. Heinrich Rose (1795-1864) absolvierte um 1812 in der Lichtenbergschen Apotheke seine Lehre – er wurde 1835 o. Professor für Chemie an der Universität in Berlin (zur Familie Rose ausführlich im folgenden Kapitel).

Gebäude der ehemaligen Rats-Apotheke in Danzig

Die Lage der Rats-Apotheke gibt G. E. Dann mit „Schnüffelmarkt 637, spätere Bezeichnung Jopengasse 37" an. Heute (2015) wird sie jedoch am „Langen Markt" beschrieben – in der Nachbarschaft zum Artushof, Rechtsstädtischem Rathaus und alten Danziger Patrizierhäusern. Der *Schnüffelmarkt* war wahrscheinlich aus dem mittelalterlichen Mittelmarkt hervorgegangen und wurde unter diesem Namen ab 1574 bekannt: „Er umfasste im Jahre 1796: von der **Jopengasse** die Hausnummern 28-39 und 41-45, sowie von der **Brotbänkengasse** die Hausnummer 1-8 und 43-45. Im gleichen Jahr wurde auch der Name **Naschmarkt** vermerkt." (Institut der Danziger Straßenkunde)

Wieder in Berlin – vom Gesellen zum Provisor 1771 bis 1780

Klaproths Rückkehr nach Berlin erfolgte im März 1771 – in die *Apotheke zum weißen Schwan*, als Mitarbeiter von Valentin *Rose d. Ä.*

Historisches Bild der Apotheke Zum weißen Schwan

Das Privileg für die Apotheke – unter deren Namen noch heute eine Nachfolge-Apotheke in Berlin existiert – erhielt am 23. August 1701 Johann Balthasar *Rechenberg* auf sein Gesuch, „die Apotheke in seinem Hause am alten Spandauer Tor neben der Heiligengeistkirche errichten zu dürfen." (H. Gelder) Am 3. Mai 1714 wird ihm das Privileg bestätigt. 1734 bis 1739 ist Johann Friedrich *Wesche* der Inhaber dieser Apotheke – es folgt um 1756 Valentin *Rose*, „unter dem die Apotheke einen großen Aufschwung nimmt. (…) In seiner Offizin arbeiteten u.a. *Klaproth* und *Hermbstädt*, die nach seinem 1771 erfolgten Tode die Apotheke nacheinander für die Witwe verwalteten. (…) 1785 übernahm der Sohn des vorigen Valentin *Rose II* (geb. 1762, † 1807) die Apotheke. (…) Unter *Rose III* [Wilhelm Rose (1836-1840)] war in dieser Apotheke *Theodor*

Fontane 1836-1840 als Lehrling und Gehilfe tätig und hat diese Zeit schriftstellerisch behandelt in ‚Zwischen 20 und 30'…" (H. Gelder)

Auf der Internet-Seite der heutigen *Apotheke zum weißen Schwan* ist zur weiteren Geschichte dieser historischen Apotheke u.a. zu lesen:

„… Ursprünglich befand sich diese im Herzen der Stadt, in der Heidereutergasse, Ecke Spandauer Straße. (…) Als 1945, kurz vor der Kapitulation, das Zentrum Berlins durch einen Bombentreffer komplett zerstört wurde, war auch die Apotheke zum weißen Schwan betroffen. Eine Notapotheke, die einstweilen in der Weinmeisterstraße eingerichtet wurde, genügte den Anforderungen an eine Vollapotheke nicht, und so wurde nach neuen Räumen gesucht. Die Wahl fiel auf Rahnsdorf, wo die Apotheke unter ihrem altbekannten Namen 1950 neu eröffnet wurde…" – von 1960 bis 1991 unter städtischer Verwaltung, seitdem privat geführt bzw. in privatem Besitz. (Anm.: Rahnsdorf, östlichster Stadtteil von Berlin, Springebergerweg 16, Nähe zum Müggelsee – Fürstenwalder Allee)

Die Apothekerfamilie Rose in Berlin

Die Familie Rose war eine märkische Gelehrtenfamilie, deren Vorfahren ursprünglich aus Ostfranken stammen. Drei Generationen waren in Neuruppin beheimatet: Christian Rose (1606-1667), Rektor in Neuruppin, Sohn Christian Rose (1664-1729), Kaufmann in Neuruppin und der Enkel Valentin Rose (1695-1752) sowie Johann Rose (1664-1729), beide Kaufleute in Neuruppin. Der Sohn von Johann Rose, Valentin Rose der Ältere (1736-1771) wurde Apotheker. Er war nicht nur ab 1761 der Eigentümer der Apotheke „Zum weißen Schwan" in der Spandauer Straße, sondern auch Metallurg, Chemiker und Assessor des Medizinalkollegiums in Berlin. Nach Valentin Rose dem Älteren folgte als Apotheker Valentin Rose der Jüngere (1762-1807). Seine Söhne waren Wilhelm Rose (1792-1867), Heinrich Rose (1795-1864, Chemiker) und Gustav Rose (1798-1873, Mineraloge). Wilhelm Rose verkaufte seine Apotheke in der Spandauer Straße wegen der zunehmenden Konkurrenz 1845.

Heinrich Rose (1795-1864) – Apotheker und Chemiker

Exkurs: *Collegium medico-chirurgicum* (Medizinalcollegium)

Mit dem Medizinaledikt von 1685 entstand in Berlin das *Collegium medicum* als oberste Gesundheitsbehörde Preußens. Es handelte sich um eine Einrichtung zur Kontrolle der theoretischen und praktischen Unterweisung von Ärzten sowie auch um eine städtische Aufsichtsbehörde für medizinische und pharmazeutische Berufe. 1700 wurde in Berlin die „Societät der Wissenschaften" gegründet und dadurch erhielt die preußische Hauptstadt auch ein *theatrum anatomicum*. Aus dem Collegium medicum entstand unter dem Akademiepräsidenten Jacob Paul von Gundling (1673-1731; Historiker, Hofgelehrter unter dem Soldatenkönig Friedrich Wilhelm I.) das *Collegium medico-chirurgicum*. Unter Aufsicht des Collegium medicum standen neben den akademisch ausgebildeten Ärzten und Apothekern auch die in Zünften organisierten Bader und Barbiere sowie das gesamte Heilpersonal. Diese Einrichtung wurde 1725 zum Ober-Collegium medicum an der Charité umgestaltet. Die *Charité* entstand 1710 als Armeehospital und Ausbildungsstätte aus einem Pesthospiz. Es bestand aus einem Staatsminister als Vorsitzendem, den Leib- und Hofärzten, dem Physikus, den ältesten in Berlin ansässigen Praktikern, dem Leib- und Generalchirurg, dem Hofapotheker sowie drei

Chirurgen mit zwei Apothekern als Assessoren. Der erste Präsident des Ober-Collegium medicum war Georg Ernst *Stahl* (1660-1734; seit 1716 Leibarzt des Königs Friedrich Wilhelm I., Begründer der Phlogistontheorie, Vorläuferin der Oxidationstheorie). Im Dezember 1809 wurde das Collegium medico-chirurgicum aufgelöst

Valentin Rose d. Ältere   Valentin Rose d. Jüngere
(beid Abb. nach Gemälden, Abb. in G.E.Dann)

Es ist sehr wahrscheinlich, dass *Klaproth* schon in seiner ersten Berliner Zeit Valentin Rose den Älteren kennengelernt hat – möglicherweise durch den Apotheker Wendland, der im Apotheker-Verein aktiv war. Valentin Rose war mit der Nichte (Schwester-Tochter) von Andreas Sigismund *Marggraf* (1709-1782) verheiratet. Im Alter von 34 Jahren wurde Valentin Rose 1770 Medicinalassessor am Obercollegium medicum. Er galt als „bester Schüler Marggrafs" und erwarb sich durch seine experimentellen Arbeiten auch ein besonderes wissenschaftliches Ansehen in dem Kreis der Berliner Apotheker.

Als 1770 die *Bergschule* als Vorläuferin der späteren *Bergakademie* (1860, ab 1916 zur Königlichen Technischen Hochschule Charlottenburg – heute TU Berlin) gegründet wurde, erhielt er den Auftrag den Unterricht in Chemie zu erteilen. Da er jedoch in dieser Zeit erkrankte (offensichtlich an Tuberkulose), konnte er ihn nicht mehr durchführen. Seine Erkrankung und ein früherer Kontakt zu Klaproth waren sicherlich die Gründe, den Rezeptar aus Danzig in seine Apotheke zu holen, in der Klaproth Anfang April 1771 seine Tätigkeit begann. Schon vier Wochen später, am 28. April 1771, verstarb Valentin Rose der Ältere. Und vor seinem Tod hatte er Klaproth mit dessen Einverständnis zum Verwalter seiner Apotheke zum weißen Schwan bestimmt – und auch zum Verwalter seines Vermögens sowie zum Vormund seiner Kinder eingesetzt. Klaproth selbst war zu diesem Zeitpunkt erst 27 Jahre alt – er übernahm eine große Verantwortung und Verpflichtung – menschlich und wirtschaftlich gegenüber der Familie Rose, aber auch wissenschaftlich in Fortsetzung der Tätigkeit von Valentin Rose.

Provisor in der *Apotheke zum weißen Schwan*

Um das Amt des Apothekenverwalters wahrnehmen zu können, musste Klaproth zunächst noch die Prüfung als *Provisor* ablegen – nach dem *Medizinal-Edikt* von 1725. Dieses Edikt vom 27. September 1725 steht im Zusammenhang mit dem bereits beschriebenen Ober-Collegium medicum. In Krünitz „Oekonomische Encyclopädie...", Band 118 (1811) wird die Bezeichnung Provisor wie folgt beschrieben:

„Dieses Wort ist besonders in den Apotheken üblich, und ist daselbst eine erfahrner und insgemein der älteste Gesell, der des Herrn Stelle vertritt und (besonders alsdann, wenn das Recht, eine Apotheke zu haben, an Häuser gebunden ist, solche aber an Personen kommen, die die Apothekerkunst nicht gelernet haben) die ganze Offizin dirigiren muß. Dergleichen Provisoren halten die Medici, wenn sie Officinen haben, und nicht vorher, ehe sie studiret, die Apothekerkunst nach gemeiner Art gelernt haben, ingleichen Witwen und Kinder, welche Apotheken besitzen, ferner öffentliche Anstalten, mit welchen Apotheken verknüpft sind, z. B. Waisenhäuser, etc."

Nach G. O. Dann hat Klaproth diese Prüfung „rühmlichst" bestanden und nennt die Apotheker Georg Friedrich *Aschenborn* und Christian *Fabricius* als Examinatoren.

Im „Handbuch der Berliner Vereine und Gesellschaften 1786-1815" (Hrsg. Uta Motschmann) ist über die Prüfung zu lesen (2.1 Berliner Apotheker-Conferenz BAC – S. 35, de Gruyter, Berlin 2015):

„Die Prüfungen zur Approbation der Apotheker wurden abgenommen, wenn der Kandidat zuvor sieben Jahre als Geselle ‚serviret', ferner ‚Cursus pharmaceutico-chymicos' besucht und besondere ‚Lectiones' gehört hatte. Ein derart in Berlin Kursierter war ‚Apotheker I. Klasse' und konnte sich in den größeren Städten niederlassen, während die ‚nichtkursierten' II. Klasse-Apotheker in den Provinzen ihre Prüfungen ablegten und erst anschließend die Approbation durch das Ober-Collegium medicum erhielten. (…) – In dieser Behörde, die ‚den Apothekenstand aus einem handwerks-mäßigen Gewerbe zu einem wissenschaftlich vorgebildeten Beruf emporgehoben' (…), waren auch zwei Apotheker als ‚assessores pharmaciae' vertreten; dazu wählte man erfahrene Apotheker, die als Beisitzer immer an den Sitzungen der BAC teilnahmen. Nach Angaben in den Berliner Adresskalendern trugen folgende Apotheker den Titel ‚assessor pharmaciae'…: [darunter auch] … Georg Friedrich Aschenborn 1742-1772; Christian Fabricius 1754-1767…"

Danach dürfte nur Georg Friedrich *Aschenborn* 1771 – genau nach Ablauf der Frist von 7 Jahren (als Geselle von Ostern 1764 in der Rats-Apotheke zu Quedlinburg) – der Prüfer (oder Hauptprüfer) gewesen sein.

Friedrich Nicolai nennt in seiner „Beschreibung der Königlichen Residenzstädte Berlin und Potsdam und aller daselbst befindlichen Merkwürdigkeiten" im Abschnitt „Von sehenswürdigen Sachen" (Berlin, 1769; S. 355)

„Herr Georg Friedrich Aschenborn, Apotheker (in der goldnen Kugel am Cöllnschen Fischmarkt). So wohl der Vater, als besonders der Sohn sind große Liebhaber natürlicher Seltenheiten. Wenn es diesen Kabinetten an sattsamer Ordnung fehlt, so vergnügen sie doch durch den Ueberfluß und die Mannigfaltigkeit fast aus allen Reichen der Natur. Außer einer großen Menge an Steinen, Erzen und Versteinerungen, trift man hier besonders einen schönen Vorrath von Conchylien- und Corallengewächsen an, die der Kenner nicht mit gleichgültigen Augen betrachten kann."

1724 hatte Georg Friedrich Aschenborn (1695-1772), Sohn des Apothekers Daniel Aschenborn in Zehdenick, die Apotheke am Köllnischen Fischmarkt im Hause der Goldenen Kugel (Haus Nr. 1/2) erworben und war auch Kirchenvorsteher an der Petrikirche (nach H. Gelder – unter Apotheke „2. Die Apotheke an der langen Brücke".

Ein weiterer Hinweis auf *Aschenborn* ist in der schon genannten „Oekonomischen Encyclopaedie" von Krünitz (Band 169 (1838) – Stahlwasser, „18) Der *Luisen Gesundbrunnen,* ehemals *Friedrichs Gesundbrunnen,* bei Berlin" zu finden:

„… dieses Wasser ist schon 1751 von dem Chemiker *Marggraf*, und 1757 von dem damaligen Physikus von Berlin, Hofrath *Lesser*, mit Zuziehung der Apotheker *Aschenborn* und *Fabricius* untersucht worden…"

Über die *Apotheke zum weißen Schwan* wissen wir nach einem Verzeichnis des Jahres 1798 nur wenig. Neben dem Apothekenleiter (ab 1785 Valentin Rose d. Jüngere) waren 2 Gehilfen und wahrscheinlich auch genauso viele Lehrlinge beschäftigt. Später bekannte Gehilfen bzw. Lehrlinge zu der Zeit von Klaproth waren *Johann Anton Merck* (1756 - 1805) als Gehilfe – Vater von Heinrich Emanuel Merck, dem Gründer der chemischen Fabrik E. Merck in Darmstadt –, *David Friedrich Lichtenberg* (gest. 1847) als Lehrling, der später in Danzig Besitzer der Rats-Apotheke wurde (s. dort). Johann Anton Merck hatte in der Schwanen-Apotheke in Frankfurt am Main von 1772 bis 1776 die Apothekerkunst erlernt, von 1776 bis 1778 in Straßburg bei J. R. Spielmann studiert und kam nach einer Bildungsreise in die Schweiz und in Italien als Gehilfe zu Klaproth in die Apotheke zum weißen Schwan. 1780 kehrte er nach Darmstadt zurück und übernahm die Engel-Apotheke seines Vaters Johann Justus Merck.

G. E. Dann geht in seiner Klaproth-Biographie über diese Zeit Klaproths als Apotheken-Provisor besonders auf die verwandtschaftlichen Verhältnisse ein und stellt anhand einer Verwandtschaftstafel Marggraf-Rose-Klaproth fest:
Daraus geht hervor, „daß Valentin Rose d. Ä. verheiratet war mit der Nichte (Schwester-Tochter) von Andreas Sigismund Marggraf (…); daß Klaproth späterhin eine andere Nicht Marggrafs heiratete; daß Valentin Rose d. Ä. zwei Söhne hatte: Valentin Rose d. J. – später Apotheker –, und Christian Rose – als Chirurg jung verstorben –, sowie zwei Töchter: Magdalena Rose, verheiratet mit dem Apotheker Tiemann (…)."

In dieser Apotheke begann Klaproth mit seinen experimentellen wissenschaftlichen Arbeiten. Als erste Veröffentlichung wird 1776 seine Arbeit „Von der chymischen Beschaffenheit des Kopals" (eines

Baumharzes) genannt. Sie erschien innerhalb einer Arbeit von D. Blochs Beytrag zur Naturgeschichte des Kopals". In einer Anmerkung ist dort über den Verfasser Klaproth – damals 33 Jahre alt und fünf Jahre als Provisor tätig – zu lesen:

„Diese mit viel Aufmerksamkeit angestellten chymischen Versuche rühren von einem jungen geschickten Scheidekünstler her, dem Herrn Klaproth, welcher allhier der Roseschen Apotheke vorsteht." –

Er war somit in den Berliner Apothekerkreisen noch nicht sehr bekannt, wissenschaftliches Ansehen konnte er sich bis dahin noch nicht erwerben. Dass sein Name in der Veröffentlichung im Titel nicht und nur in der Anmerkung genannt wird, ist auch als Zeichen seiner Bescheidenheit zu werten.

Der Arzt Marcus Elieser *Bloch* (1723-1799) war Mitbegründer der 1773 ins Leben gerufenen „Gesellschaft naturforschender Freunde zu Berlin" – er veröffentlichte eine Reihe naturwissenschaftlicher auch chemischer Art und hatte seine Praxis in der Nähe der Roseschen Apotheke in der Spandauer Straße bei dem Brauer Hoppe und ist dadurch wahrscheinlich Klaproth bekannt geworden.

In „Die Geschichte Berlins. Spandauer Straße" (Webseite des Vereins für die Geschichte Berlins e.V., gegr. 1865) ist von Martin Mende (s. Kapitel „Bären-Apotheke") über die Situation der Apotheke heute zu lesen:

„Gegenüber dem heutigen Heiliggeistkirchplatz mündete die Heidereutergasse in die Spandauer Straße. Das Eckhaus Nr. 77 (später Nr. 40) beherbergte die Apotheke ‚Zum Weißen Schwan', 1761 von Valentin Rose d. Ä. erworben, später vorrübergehende Arbeitsstelle von Martin Heinrich Klaproth, Sigismund Friedrich Hermbstädt, Conrad Heinrich Soltmann und Johann Daniel Riedel, die alle in den Folgejahren die chemisch-pharmazeutische Forschung wesentlich voranbrachten. Theodor Fontane begann hier 1836 seine Lehre beim Apotheker Wilhelm Rose (1792-1847)…"

In den letzten Abschnitten wurden die Namen einiger bedeutender
Apotheker bzw. auch Chemiker genannt, deren Biographie hier kurz
vorgestellt wird.

Andreas Sigismund Marggraf

Andreas Sigismund *Marggraf* (1709-1782), Sohn eines Apothekers (s.
auch im Kap. Bären-Apotheke), studierte am Collegium Medico-
chirurgicum in Berlin und anschließend in Straßburg Chemie und Physik
und in Halle Medizin. Nach einer Studienreise zu Berg- und Hüttenwerken
kehrte er 1735 nach Berlin zurück, wurde bereits 1738 Mitglied der
Preußischen Societät der Wissenschaften (1700 als Kurfürstlich-
Brandenburgische Societät der Wissenschaften gegründet, erster Präsident
Leibniz) und ab 1760 bis zu seinem Tode Direktor der Physikalisch-
Mathematischen Klasse der inzwischen umbenannten Königlichen
Akademie der Wissenschaften. 1747 entdeckte er die Möglichkeit, aus der
Runkelrübe Rohrzucker (Saccharose) zu gewinnen und schuf damit die
Basis für die spätere Zuckerindustrie.

Johann Heinrich *Thiemann* (Lebensdaten nicht ermittelt) wird von H. Gelder 1794 als Provisor und ab 1789 als Pächter der Apotheke zum schwarzen Adler (ab 1794 Besitzer) in Neue Roßstraße 21 (in der Nähe der heutigen U-Bahnstation Märkisches Museum). G. E. Dann schrieb in einer Anmerkung zu Thiemann, dass dieser eine chemisch-pharmazeutische Lehranstalt unterhalten habe und nennt zwei Veröffentlichung von Thiemann im Berliner Jahrbuch für die Pharmazie (1798, 1801).
Als Provisoren der Schwan-Apotheke werden von G. E. Dann nach dem Ausscheiden von Klaproth 1780 für die Zeit von 1780 bis 1782 Johann Jacob *Bindheim* (1750-1825; s. auch im Abschnitt *Chrom*) und von 1782 bis 1784 Johann Gottlieb Vierenklee genannt. (Beide Namen sind in der Abhandlung von Hermann Gelder „Zur Geschichte der privilegierten Apotheken Berlins" von 1925 nicht zu finden.)

Sigismund Friedrich Hermbstaedt

Sigismund Friedrich *Hermbstädt* (1760-1833) begann in seiner Heimatstadt Erfurt – vermutlich in der Schwan-Apotheke von Wilhelm Hermann Trommsdorff – ab 1774 eine Apothekerlehre und besuchte an der Universität Erfurt Vorlesungen zur Arzneiwissenschaft und Chemie. Nach der Promotion war er als Repetent an der von Johann Christian Wiegleb in Langensalza gegründeten pharmazeutischen Lehranstalt tätig, 1781 in der

Ratsapotheke in Hamburg und 1784 bis 1785 als Provisor in der Apotheke Zum weißen Schwan von Valentin Rose. 1786 unternahm er eine Studienreise auf den Harz und in das sächsische Erzgebirge.1787 privatisierte er in Berlin, hielt Privatvorlesungen über Chemie, Physik, Technologie und Pharmazie, gründet 1789 eine „Chemische Pensionsanstalt für Jünglinge" für angehende Apotheker, bevor er 1791 als ordentlicher Professor für Chemie und Pharmazie an das Collegium medico-chirurgicum berufen und gleichzeitig mit der Verwaltung der königlichen Hofapotheke betraut wurde. Er wurde zum Rat am Obercollegium medicum, zum Assessor des königlichen Manufactur- und Commerzcollegiums sowie zum Assessor bei der Salzadministration ernannt. 1809 erhielt er die ordentliche Professur für Chemie und Technologie an der neugegründeten Berliner Universität.

Conrad Heinrich Soltmann – Ausschnitt eines Ölgemäldes

Conrad Henrich *Soltmann* (gest. 1859) war von 1807 bis 1810 Provisor der Roseschen Apotheke, dann bis 1823 Besitzer der „Apotheke zum gekrönten schwarzen Adler" (Poststraße 4, heute Mitte). Ab 1829 führte er den Titel eines Hofrates. 1823 gründete er zusammen mit dem Arzt Friedrich Adolph August *Struve* (1781-1840) in Berlin eine Fabrik zur Herstellung künstlicher Mineralwässer, verbunden mit einem Kurpark und einer „Trinkwasser-Anstalt", woraus sich nach H. Gelder „dann die bekannte Drogen- und Chemikalienhandlung Dr. *Struve & Soltmann* entwickelte…" Die Fabrik befand sich in der Husarenstraße (später Hollmannstraße, heute Gelände des Jüdischen Museums).

Johann Jacob *Blindheim* (1750-1825) folgte Klaproth unmittelbar als Provisor der Roseschen Apotheke – von 1780 bis 1782. Seine Laufbahn hat G. E. Dann verfolgt – nach 1782 als Provisor in der Rebeltschen Apotheke Zum goldenen Reh (zuvor als Apotheke zum weißen Adler) in der Scharrenstraße 6 an der Petrikirche (Johann Andreas Rebelt aus Altona, gest. 1784), später Apotheker in Petersburg und Apotheker und Professor in Moskau. Als er noch in der Roseschen Apotheke tätig war, veröffentlichte er 1782 in den Schriften der „Gesellschaft naturforschende Freunde zu Berlin" eine Arbeit über die „Chemische Untersuchung einiger Steinarten". Weitere Veröffentlichungen machen offensichtlich die Schule Klaproths erkennbar.

Johann Daniel *Riedel* (1786-1843) war von 1808 bis 1810 Rezeptar und von 1810 bis 1814 Verwalten der Roseschen Apotheke. Er kaufte 1814 die von H. Gelder unter der Nr. 23 als „Die Schweizer Apotheke zum (gekrönten) schwarzen Adler" bezeichnete Apotheke von J. D. Hausmann. Bei H. Gelder ist im Unterschied zu G. E. Dann zu lesen, dass „dessen langjähriger Mitarbeiten *Johann Daniel Riedel* (…) die Apotheke 1814 (übernahm)."

Besitzer der Bären-Apotheke 1780 bis 1800

Für eine Apotheke in seinem Haus Spandauer-, Ecke Probststraße erhielt 1720 Henning Christian *Marggraff*, gebürtig aus Neuenhausen bei Perleberg, das Privileg. 1707 hatte er das Haus erbaut, 1711 wurde er zum Ratsapotheker ernannt, „nachdem er ein Magistratsprivileg gegen eine jährliche Abgabe von 30 Talern gepachtet hatte. In seiner Bittschrift um königliche Privilegierung sagt er, er habe sich vor 23 Jahren in Berlin niedergelassen, ein Haus für 7000 Taler erworben und ein de Magistrat zustehenden Privileg gegen jährlichen Kanon abgepachtet. *Marggraff* war offenbar ein sehr tüchtiger und wohlhabender Mann. Als im Jahre 1720 über die älteste Berliner Apotheke, die *Tonnenbinder*'sche, in der Poststraße (Nr. 1) der Konkurs hereinbracht, wodurch das betr. Privileg vom Jahre 1482 laut Regierungsbeschluß zur Kassatation gelangte, erreichte es *Marggraff*, daß ihm das alte Privileg an Stelle eines neuen, die ja zufolge desselben Beschlusses nicht mehr vergeben werden sollten, übertragen wurde unter der Bedingung, daß das Magistratsprivileg aufhörte zu bestehen." (H. Gelder) – Im Folgenden wird der Name ohne des zweite „f" geschrieben: als *Marggraf.*
Der Name der Apotheke wechselte vom weißen über den schwarzen bis zum *goldenen Bären*. Marggrafs Privileg wurde 1740 erneuert; er selbst erhielt den Titel Medizinalassessor. Es war Marggrafs Sohn, Andreas Sigismund *Marggraf* (1709-1784), der die Saccharose in der Zuckerrübe entdeckte (s.o.), 1754 Professor und Vorsteher des Königlichen Laboratoriums wurde. 1756 gelangte die Apotheke in den Besitz des Apothekers *Flemming*. 1798 konnte sie *Klaproth* für 9 500 Taler erwerben, der sie dann 1800 für 28 500 Taler an Georg Wilhelm *Friedrich* verkaufte. Der Nachfolger war Eduard *Simon* (1789-1856), der bei Valentin Rose d. J. seine Apothekerlehre absolviert hatte und danach die Apotheke *Zum Goldenen Bär* in der Spandauer Str. 33 übernahm. Er ist der Entdecker des Styrols, das er durch Destillation des Harzes des Orientalischen Amberbaumes (*Liquidambar orientale*) 1839 als klare Flüssigkeit gewann,

die sich beim Erhitzen in eine gelatinöse Flüssigkeit (infolge Polymerisation – erst 1866 erkannt) verwandelte.

In „Die Geschichte Berlins" (Webseite des Vereins für die Geschichte Berlins e.V., gegr. 1865) ist von Martin Mende im Beitrag über die Spandauer Straße als *Zentralachse des alten Berlin: Die Spandauer Straße* zur Apotheke zu lesen („Die südwestliche Seite"):

„Auf der gleichen Straßenseite gegenüber der Einmündung der Gustav-Böß-Straße befand sich in dem Haus Nr. 17 (vormals 33) an der Ecke Propststraße seit 1707 die Apotheke ‚Zum goldenen Bären' von Henning Christian Marggraf (1680-1754). Sein Sohn, der Chemiker Andreas Sigismund Marggraf (1709-1782), entdeckte 1747 den Zuckergehalt der Runkelrübe und bereitete damit der Zuckerindustrie den Weg. (…) Seine Schwester Charlotte Luise war die Schwiegermutter des Apothekers Valentin Rose d. Ä. (…). Der Chemiker Martin Heinrich Klaproth (1743-1817) heiratete die Nichte Marggrafs und erwarb von ihm 1780 auch die Apotheke, die er jedoch 1800 wieder veräußerte, um sich ganz seinen wissenschaftlichen Untersuchungen zu widmen. Klaproth entdeckte in seinem Apothekenlabor sieben chemische Elemente, u.a. 1789 Uran, 1792 Titan und 1793 Strontium. 1797 beschrieb er erstmals das Element Chrom als Ergebnis von ca. 300 Mineral-Analysen. (…)

Nikolaiviertel (Dezember 2015):
Am Durchgang rechts die Gedenktafel (s.o.) für Klaproth (hinter der Girlande):

Eine Gedenktafel aus Porzellan rechts neben dem Durchgang von der Propststraße weist seit 1995 auf seine Verdienste hin, schließlich brachte er 1799 auch das erste Preußische Arzneibuch heraus. Im 19. Jahrhundert war die Apotheke als Simonsche Apotheke bekannt. Dr. Eduard Simon zählte 1865 zu den Gründungsmitgliedern des Vereins für die Geschichte Berlins. Das Haus Nr. 35 (…) kann als Ursprung des Salons von Henriette Herz (1764-1847) angesehen werden. Sie war Ehefrau des Arztes Marcus Herz, der in seiner Wohnung philosophische Abende veranstaltete und zum Kreis der Berliner Aufklärung gehörte, während seine junge schöne Ehefrau als Mittelpunkt eines literarischen Salons beeindruckte. (…)"

In seinem Kapitel über Klaproth als *privilegiertem Apotheker* von G. E. Dann lesen wir zu Beginn Folgendes:

„Am 13. Februar 1780 verheiratete sich Klaproth, 37 Jahre alt, mit der 32jährigen Christiane Sophie Lehmann, einer Nichte Marggrafs. Diese Heirat gab ihm nicht nur den Anlaß, sondern auch die Möglichkeit, als Apotheker in Berlin selbständig zu werden. Christiane Sophie Lehmann, Tochter des damals nicht mehr lebenden Kaufmannes (Materialisten) Joachim Friedrich Lehmann und der Anna Amalie, geborenen Marggraf, war die Enkelin des Apothekers und Medizinal-Assessors Henning Christian Marggraf, einstigen Gründers und Besitzers der Apotheke zum Bären, die in der Spandauer Straße 17, Ecke Probststraße lag, also der Roseschen Schwanen-Apotheke benachbart war. (…)“

Die von der Familie Marggraf an den Apotheker Flemming verkaufte Apotheke war nach dem Tod von Henning Christian Marggraf zunächst an dessen Schwiegersohn Lehmann verkauft worden, der jedoch nicht Apotheker war und sie deshalb weiterverkaufte – jedoch das zur Apotheke gehörige Nebengebäude für seine Materialienhandlung (nach heutigem Verständnis eine Drogengroßhandlung) behielt.

Der vermögenslose Klaproth hatte durch die Heirat die finanziellen Mittel erhalten, diese Apotheke zu erwerben. Um sie als privilegierter Apotheker auch führen zu können, benötigte er nach dem Medizinaledikt von 1725 noch das für größere Städte vorgeschriebene pharmazeutische Staats-examen. Für diese Examen war das „Ober-Collegium medicum“ (als Verwaltungsbehörde – im Unterschied zum „Collegium medico-chirurgicum“, der Lehranstalt) zuständig. Nach den geltenden Be-stimmungen hieß es, „wird (dem Kandidaten) ein chemisch-pharma-zeutisches Thema vom Professor der Chemie und ein oder zwei vegetabilische Substanzen vom Professor der Botanik zur chemischen Untersuchung aufgegeben. Beides arbeitete er im Laboratorium der Königlichen Hofapotheke aus und trägt sie dann öffentlich, mit Vorzeigung der erforderlichen Präparate, vor, wobei er zugleich eine chemische Operation verrichten und sicher einer Prüfung der gedachten beiden

Professoren unterwerfen muß. Nach verrichtetem Cursus ist noch das Examen übrig. Die Apotheker werden (dabei) privatim von einem Mitglied des Obercollegium medicum, dem Professor der Chemie des Collegium medico-chirurgicum und den beiden Assessoren der Pharmazie geprüft."

Exkurs: Zum Laboratorium der königlichen Hofapotheke
In seiner Dissertation „Über den Bau und die Einrichtung von Apotheken in alter und neuer Zeit" (1939 – zum Dr. Ing. an der damaligen TH Berlin) hat Konrad *Grünhagen* ausführlich über die *Hofapotheke zu Berlin* berichtet. Ab 1585 entstand auf Befehl des Kurfürsten Johann Georg von Brandenburg ein Apothekenbau an der nordwestlichen Ecke des alten Renaissanceschlosses. Die Neueinrichtung der Hofapotheke erfolge 1720 und ist vor allem dem Namen des Apothekers Caspar *Neumann* (1683-1737) verbunden. Nach einer Lehre in seiner Heimatstadt Züllichau (damals Preußen) arbeitete Neumann ab 1704 als Provisor in einer Apotheke im nahegelegenen Unruhstadt (Polen). 1705 kam er nach Berlin – in die Apotheke vor dem Königstor („Zum schwarzen Adler") von Christoph Schmedicke (Privileg von 1700) und daran anschließend bis 1711 in der Hofapotheke. König Friedrich I. wurde auf den tüchtigen jungen Mann aufmerksam und ermöglichte ihm durch Stipendien eine Weiterbildung u.a. durch Reisen in den Harz und nach Holland, wo er Schüler des Mediziners und Chemiker Boerhaave wurde. In London erhielt er 1713 die Nachricht vom Tod seines königlichen Förderers, konnte dort dann bei dem Chemiker Abraham Cypriaus (gest. 1718) in dessen Privatlaboratorium arbeiten. 1718 erhielt er durch Vermittlung des Mediziners Georg Ernst Stahl (1660-1734, seit 1716 Leibarzt des Königs Friedrich Wilhelm, Präsident des Collegiums medicum) die Stelle als Hofapotheker. In der „Deutschen Apotheker-Biographie" ist über ihn u.a. zu lesen: „Als Organisator, Lehrer und Forscher schrieb sich N. in das Buch der Pharmaziegeschichte ein. Innerhalb sehr kurzer Zeit gelang es ihm, durch wohlüberlegte Umbauten und umfassende Modernisierung der Einrichtung die Berliner Hof-Ap. zu einem mustergültigen pharmaz.

Betrieb, vor allem aber zu einer Forschungs- und Ausbildungsstätte zu entwickeln, die in Deutschland kein Gegenstück hatte. Einen Eindruck davon, besonders von dem großzügig ausgebauten Laboratorium der Ap., vermittelt eine Gruppe von lavierten Federzeichnungen der Ap., die um 1750 entstanden…" (Hein)

Laboratorium der Berliner Hofapotheke

Und mit diesen Federzeichnungen beschäftigte sich auch Konrad Grünhagen – er berichtete u.a.:
„Man betrat die Apotheke vom Lustgarten her über einen Flur, von welchem die Türöffnung nach links den Blick auf den Vorraum mit dem reichgegliederten Eingang zur Offizin freigab; (…) Die Offizin war der größte Raum der Apotheke (5,35 x 11,60). (…) Der Rezeptiertisch stand in der Querachse vor dem rechten Wandaufbau; in diesem befand sich ‚eine besondere verschlossene Offizin, die bloß für den König und das königliche Haus mit Apothekergeräthen von Silber und den feinen

Medizinen in Gläsern besetzt ist. Sie öffnet und schließt sich mittels eines Räderwerks von selbst.'

Schlichter war die Einrichtung der Schneidekammer, die neben der Offizin auf der Spreeseite des Hauses lag. (…)

Neben der Schneidekammer lag das große Laboratorium (…), das nach Neumanns Angaben mit ‚Öfen, großen eingemauerten Blasen, Kessel und Kochgeschirr versehen' waren. Die Öfen wurden mit fließendem Wasser gespeist und konnten daher auf die sonst üblichen Kühlfässer verzichten.

Außer diesem großen Laboratorium war ein zweites kleineres Versuchslabor vorhanden, das gleich hinter dem Eingangsflur lag (…). Die kostbare Einrichtung (der ganze Raum war mit Delfter Kacheln verkleidet) und Nicolais Bezeichnung als ‚sog. königliches Labor' lassen vermuten, daß hier Friedrich I. gelegentlich chemischen Experimenten zugesehen hat. (…) Die eleganten Formen der Gesimse, Pilaster und Kartuschen unterscheiden sich deutlich von den schwerfälligeren Giebeln in der Offizin. (…) Vor dem Abzug stand ein achteckiger Ofen für ‚monatelange Disgestionen', der ‚Athanor'. Welcher von Neumann eingebaut worden ist, und in ganzer Höhe mit Kacheln verkleidet war. Schränke und Gestelle mit chemischen Geräten, zwei Destillieröfen rechts und links an den Wänden und ein kleines Vorratskämmerlein vervollständigen die Einrichtung."

Als Examinatoren aus dieser Zeit (1780) wirkten Heinrich Christian *Pein* (1745, gest. nach 1792 – 1790 als Hofapotheker von seinem Posten entbunden) als Professor der Chemie, Johann Gottlieb *Gledisch* (1714-1786) als Professor der Botanik und der Apotheker Johann Friedrich *Bell* (gest. 1797) als pharmazeutischer Assessor.

Im „Magazin für Aerzte" (Band 6, Seite 18 – 1784) kündigte *Pein* seine Lehrveranstaltungen wie folgt an:

„Heinrich Christian Pein, Prof. Chemiae, wird in denen Sommermonaten, Montags und Dienstags, Vormittags von 8 bis 9 Uhr, in denen Wintermonaten aber Donnerstags und Freitags, Nachmittags von 2 bis 3 Uhr, die

Anfangsgründe der Chemie, nebst denen allgemeinen und besondern Operationibus, erklären, und hiernächst die Praeparata Chemico-Pharmaceutica, nach Anleitung des Dispensatorii Brandenburgici, abhandeln; auch nicht ermangeln, Liebhabern der Chemie mit seinem Privatunterrichte an die Hand zu gehen, und Wißbegierigen die praktischen Handgriffe in der königl. Hofapotheke vorzuzeigen bereit seyn."
(Aus dem „Verzeichniß der Lectionen, wie solche bey dem von Sr. Königl. Majestät von Preussen zur Aufnahme der Studii Medici und Chirugici in Dero Residenz gestifteten köngil. Collegio Medico-Chirurgico vom Oct. 1783 bis zum Oct. 1784 gehalten werden.")
Der Nachfolger von *Pein* war *Hermbstädt*.

Johann Gottfried *Gledisch* (1714-1786) studierte Medizin und Philosophie von 1728 bis 1735 in Leipzig und promovierte dort bereits 1732 zum Dr. phil., wo er zwischen 1731 und 1735 als Aufseher des botanischen Gartens gewirkt hatte. 1735 trat er in eine ärztliche Praxis in Annaberg ein. 1737 erhielt er eine Anstellung am Collegium medico-chirurgicum in Berlin, wurde 1740 Kreisphysikus in Lebus, promovierte 1742 zum Dr. med. an der Universität Frankfurt an der Oder, wo er auch Vorlesungen in Physiologie und medizinischer Botanik hielt. 1744 wurde er ordentliches Mitglied der Berliner Akademie der Wissenschaften, 1746 zweiter Professor für Anatomie und Botanik sowie Materia medica am Collegium Medicochirurgicum und Direktor des botanischen Gartens Berlin. 1780 wurde Gledisch Mitglied der Hofapothekerkommission.

Johann Friedrich *Bell* (gest. 1796), Besitzer der Apotheke Zum schwarzen Adler in der Breitestraße, später Roßstraße (1762 käuflich erworben) bis 1790, war Vorsitzender der Berliner Apotheker Konferenz von 1774 bis 1784. Ihm folgte der bereits genannte Johann Heinrich Thiemann – als Nachfolger des Dr. med. und Apothekers Johann Gottfried *Hempel* (1752-1817), der 1785 an der Universität Helmstadt promoviert hatte, 1802 das Schloss Oranienburg kaufte, wo er eine Baumwollweberei für Kattun einrichtete und 1814 die Chemische Producten-Fabrik zu Oranienburg gründete zur Produktion von Schwefelsäure, als erster preußischer Fabrik nach dem Bleikammerverfahren. Bell war 1. Pharmazeutischer Assessor und Rendant (Rechnungsführer) des Ober-Collegiums medicum.

Die schriftliche Ausarbeitung von Klaproths Examensaufgabe wurde unter dem Titel „Abhandlung von den Phosphoren nebst einem Anhang von den besten Art und Weise destiliierte Wässer zu bereiten" 1782 in den „Allerneuesten Mannigfaltigkeiten" abgedruckt.
Bei den „Allerneusten Mannigfaltigkeiten" handelte es sich um eine „Gemeinnützige Wochenschrift", herausgegeben von Johann Friedrich Wilhelm Otto (geb. 1743, ab 1802 „Canzleidirektor beim Generalpostamte zu Berlin"), die den „Neuesten Mannigfaltigkeiten" folgte. Der Herausgeber schrieb im 1. Band, in dem auch Klaproths Arbeit an erster Stelle erschien (Teil über die Phosphore bzw. Phosphor – in zwei Teilen), in der „Vorerinnerung" u.a.: „Durch die gütigen Beyträge dererjenigen verdienstvollen Gelehrten, denen diese Wochenschrift ihrer günstigen Aufnahme zu danken hat, hoffe ich in den Stand gesetzt zu werden, ihr diejenige Gemeinnützigkeit zu geben, welche das Hauptverdienst einer Schrift dieser Art ist." Otto bezeichnete sich in dieser „Vorerinnerung", datiert auf den, 22. Februar 1781, als zuvor Mitarbeiter an den „Mannigfaltigen" und jetzt als „Herausgeber".

Als Apotheker in seiner eigenen Apotheke konnte Klaproth sich nun auch ein Laboratorium für seine experimentellen Arbeiten einrichten. Bis zum Verkauf der Apotheke 1790 publizierte er die Ergebnisse seiner Untersuchungen in über 40 Veröffentlichungen – vorwiegend in *„Crell's Annalen"*.

Exkurs zu *Crell's chemischen Annalen*
Lorenz Florenz Friedrich von *Crell* (1744-1816) hatte ab 1759 an der Universität Helmstedt Medizin studiert, 1768 zum Dr. med. promoviert. Nach Studienreisen u.a. nach England wurde er 1771 zum o. Professor am Anatomisch-chirurgischen Institut in Braunschweig ernannt und erhielt

1773 eine ordentliche Professur an der Universität Helmstedt. Bei W. Schrader (Alt-Helmstedt 19. Jg. Nr. 1, März 1955) in seinem Aufsatz „Professor Johann Friedrich Crell und Lorenz v. Crell. Zwei Helmstädter Mediziner" ist zu lesen: „Nach dem Urteil des preuß. Oberkonsistorialrats Gedicke, der 1789 im Auftrage des preuß. Königs Friedrich Wilhelm II. einige deutsche Universität besuchte, war Crells Vortrag unangenehm, sein Kolloquium über Chemie käme selten zustande, da fast alle Studenten zu Beireis gingen. Damals betrug die Gesamtzahl der Studenten in Helmstedt nur noch 160, davon 12, die sich der Medizin verschrieben hatten!" 1810 wurde die Helmstedter Universität aufgehoben und Crell ließ sich an die Universität Göttingen versetzen. Gottfried Christoph Beireis (1730-1809) war ab 1759 Professor in Helmstedt, der am Ende seier Laufbahn in sieben Disziplinen lehrte. Al „Adept und Wundermann von Helmstedt" ging er in die Literatur ein (Schwedt 2009, G. Brandes).

Bekannt wurde Crell durch die Herausgabe seiner chemischen Zeitschriften
– ab 1778 als „Chemisches Journal für die Freunde der Naturlehre,
Arzneygelahrtheit, Haushaltungskunst und Manufacturen" (Lemgo) – ab
1784 „Chemische Annalen...", verkürzt als „Crell's chemische Annalen"
angegeben.

Ein Auszug aus einer Rezension (Allgemeine deutsche Bibliothek Band 39
(1779), S. 188f) charakterisiert diese erste chemische (deutschsprachige)
Periodicum wie folgt:

„Chemisches Journal für die Freunde der Naturlehre, Arzneygelahrtheit,
Haushaltungskunst und Manufacturen. Entworfen von D. Lorenz Crell –
Erster Theil. Lemgo, im Verlage der Meyerschen Buchhandlung. 1778. in
8. 240 Seit.

Die Zeitschrift ist an Hrn. Direktor Marggraf. In der Vorrede ladet Hr. C.
alle Chymisten Deutschlands ein: Beyträge einzuschicken, und jeder
einzelnen Erfahrung stehet dieses Journal offen, denn es ist ausgemacht,
daß genaue, deutliche, ausführliche Versuche in der Chemie nie zu häufig
gemacht werden können, und mancher Apotheker, auch der heimliche
Dilettant, welcher im Verborgenen arbeitet, (denn es giebt deren wohl in
keinem Lande so viele als in Deutschland,) findet hier Gelegenheit, sein
Licht leuchten zu lassen, und solches nicht unterm Scheffel zu stellen.
Recensent stellt sich schon im Voraus auf manche gute einzelne Erfahrung
und Entdeckung, welche durch diesen Weg erhalten wird, und die
außerdem aus Mangel an Gelegenheit solche kund zu machen, mit dem
Erfinder abgestorben wäre. Nur verbittet Hr. C. alle unverständliche
Processe aus der Alchymie. Jeder Beytrag wird mit dem aufrichtigsten
Danke angenommen, und Er wird das schuldige Honorarium mit großter
Bereitwilligkeit abtragen. Außer den verschiedenen wichtigen neuen
Aufsätzen, welche in diesem ersten Theile vorkommen, hat Hr. C. auch
kurze aber deutliche Auszüge von hierher gehörigen Schriften aus den
philosophischen Transactionen, und der Akademie zu Berlin, beygefügt;
auch für diese löbliche Mühe ist ihm Rec. besonders verbunden, weil
dadurch mancher Chymist, welcher diese Schriften ihrer Kostbarkeit
wegen, nie zu sehen bekommt, doch durch diesen Weg mit den

Erfahrungen der Ausländer bekannt wird. Der Verf. ist bis zu dem Jahre 1770 zurückgegangen, und wenn derselbe besonders bey den philosophischen Transactionen noch weiter zurückgehen will, werden wir ihm höchlich dafür verbunden seyn. Noch verspricht Hr. C. neue eingeschickte Versuche nachzuarbeiten, und den Erfolg anzuzeigen, wodurch denn freylich die Leser in den Stand gesetzt werden, zuverläßiger davon urtheilen zu können...“

Die Rezension charakterisiert auch den Zustand der Chemie bzw. chemischen Forschung in Deutschland. Erst ein Jahr später erschien auch ein französisches Journal, herausgegeben von dem Begründer der modernen Chemie und Antiphlogistontheorie, LAVOISIER: *Journal Annales de chimie.*

 In seiner Zeit als selbstständiger Apotheker gestaltete Klaproth die erworbene Apotheke so um, das sie auch wirtschaftlich erfolgreich sein konnte. G. E. Dann berichtete, dass die Bären-Apotheke unter Klaproth „bald zu den angesehensten (und damit den wirtschaftlich gesicherten) der preußischen Hauptstadt“ gezählt habe. „1798 (also am Ausgang der Besitzzeit Klaproths) war nach der Zahl der Angestellten nur die Apotheke von Dr. Hempel in der Jerusalemer Straße mit 4 Gehilfen größer.“ (Zu Dr. Hempel s. weiter oben) Das abschließende Urteil Danns zu dieser Periode lautete: „Dabei ist es bemerkenswert, daß der Betrieb auch noch in der Zeit, als Klaproth bereits durch seine wissenschaftlichen Arbeiten, durch die Tätigkeit als Lehrer an verschiedenen Instituten und durch mehrere öffentliche Ämter anderweit stark in Anspruch genommen war, seiner persönlichen Aufsicht und Leitung unterstand. Wie er sich trotz aller dieser Inanspruchnahme auch mit Sorgfalt der bei ihm arbeitenden Berufsanwärter widmete, so kümmerte er sich offenbar auch um den täglichen Ablauf der Geschäfte...“

Friedhelm Reinhard berichtete in seinem Buch „Apotheken in Berlin. Von den Anfängen bis zur Niederlassungsfreiheit 1957" (Herausgegeben vom Berlin Apotheker-Verein anläßlich seines 275jährigen Bestehens) (Govi-Verlag, Eschborn 1998) in der Geschichte der *Simons Apotheke* u.a. noch zu Klaproth: „Im Labor dieser Apotheke entwickelte Klaproth »einmalige wissenschaftliche Aktivität«, entdeckte sechs neue [neu waren sie nicht, aber bis dahin unbekannt!] chemische Elemente, wurde Assessor am Obercollegium Medicum, Apothekenrevisor, Mitglied der Prüfungs-kommission für Pharmazeuten, Professor der Chemie an der Artillerie-schule, Vorsitzender der »Berliner Apotheker-Conferenz« von 1796 bis 1806 u.a. Klaproth verkaufte 1800 die Apotheke an Georg Wilhelm Friedrich für 28 500 Taler, blieb aber weiterhin eng mit dem Apothekerstand verbunden, bearbeitete die »Pharmacopoea Borussica« und verfaßte die »Revidirte Apotheker-Ordnung von 1801« mit.
Klaproth wurde auch der erste deutsche Ballonfahrer. Im Oktober 1784 stieg er vom Lustgarten aus in einem Heißluftballon der Bauart Montgolfier auf. In einer Höhe von 10 Metern riß aber die Hülle und Klaproth machte eine Bauchlandung."

Simons Apotheke wurde 1900 in der Spandauer Straße, dem Rathaus zugewandt (Ecke Probsttraße), neu erbaut und schließlich im Zweiten Weltkrieg (wie auch die Not-Apotheke in Späth'schen Buchhandlung am Alexanderplatz) vollständig zerstört

Als Chemiker in der Akademie der Wissenschaften

1700 war auf Veranlassung der Kurfürstin Sophie Charlotte, Herzogin von Braunschweig und Lüneburg (1668-1705; ab 1701 Ehefrau des König Friedrich I. von Preußen, zur ersten Königin in Preußen gekrönt) nach einem Plan des Universalgelehrten und Philosophen Gottfried Wilhelm *Leibniz* (1646-1716) eine „Kurfürstlich-Brandenburgische Societät der Wissenschaften" unter Kurfürst Friedrich III. (später König Friedrich I.) in Berlin entstanden. Sie wurde im Unterschied zu anderen Akademien bis 1809 nicht vom Staat finanziert, sondern erhielt das Monopol auf der Herstellung und den Verkauf der Kalender im Kurfürstentum. 1710 erhielt die Akademie ein Statut, 1711 wurde sie offiziell eröffnet. Im Statut wurden vier Klassen für die Akademiemitglieder festgelegt: zwei geisteswissenschaftliche und zwei naturwissenschaftliche Klassen (bis 1830). Erst unter Friedrich II. (der Große; 1712-1786) erreichte die Akademie eine erste Blütezeit – mit herausragenden und noch heute bekannten Mitgliedern wie dem Mathematiker Leonhard Euler, dem Chemikern Andreas Sigismund Marggraf und Franz Karl Achard, den französischen Philosophen Voltaire und Denis Diderot, Gotthold Ephraim Lessing, Christoph Martin Wieland und Immanuel Kant.

G. E. Dann stellt jedoch fest, dass diese Akademie zu der Zeit, als Klaproth Mitglied geworden sei, sie „unter den gleichen Verfallserscheinungen (litt), an denen das gesamte Berliner geistige Leben jener Zeit krankte. Wie im staatlichen Gefüge, so hinderte auch im Bereich der Wissenschaften eine Überalterung der sie offiziell repräsentierenden Persönlichkeiten eine fortschreitende Entwicklung der Erkenntnis, Auf der anderen Seite machte sich ein zum Teil betrügerischer Mystizismus breit, der das geistige Leben nach allen Richtungen und auf allen Gebieten zu durchdringen suchte, vielfach in regelrechte Scharlatanerie ausartete und der exakten wissenschaftlichen Forschung hindernd im Wege stand…"

Bereits 1753 existierte jedoch schon ein *chemisches Laboratorium* (bis 1812), worüber von Hans-Heinrich Müller im Kap. 10 (www.luise-berlin.de) „Das Laboratorium Dorotheenstraße 10" u.a. zu lesen ist:

Zunächst erwähnt Müller als Apotheken, in denen „Arzneikundige" in die Chemie, der „Wissenschaft von der stofflichen Verschiedenheit der Körper", gewechselt hätten, „Zum goldenen Bären" (in der Spandauer Ecke Probststraße) und „Zum weißen Schwan" (in der Spandauer Straße Ecke Heidereuthergasse). Und er nennt die zwei Professuren am Collegium medico-chirurgicum, die sich mit Chemie beschäftigten: Professur für praktische (pharmazeutische) und theoretische (reine) Chemie. Das chemische Laboratorium der Akademie wurde in der Dorotheenstraße 10 (früher Letzte Straße) als erstes staatliches Laboratorium eingerichtet, ab 1754 unter der Leitung von Andreas Sigismund Marggraf – im Nordflügel des Akademiegebäudes gelegen, „zu dem noch zwei Dienstwohnungen für den Chemiker und den Direktor der Berliner Sternwarte sowie zwei kleinere Wohnungen für die Labordiener gehörten".

Es bestand aus fünf Räumen: der »Stube neben dem Laboratorium, die keinen Ofen hat«, einer Kohlenkammer, der »Präparationsstube vor dem Aufgang«, die »einen Ofen zum Einheizen hat«, und den Dachboden» sowie drei Räume als Laboratorien, die mit Schmelz- und Digerieröfen ausgestattet waren. Aus einer Inventarliste von 1755 ist bekannt, dass ein großer Blasebalg, eine kupferne Destillierblase mit Zubehör, eine im Kamin eingemauerte Retorte mit eiserner Kapelle (als Abzug für Gase) und weitere Kapellen sowie ein kupfernes „Balneum Mariae" (Wasser- oder Ölbad), ein großer eiserner Mörser, ein Tisch mit elf Schubläden sowie sechs Schemel. Marggraf hatte noch Gerätschaften und Gefäße aus seinem eigenen Besitz mitgebracht. Sein Nachfolger wurde Franz Carl *Achard* (1753-1821) im Jahre 1782, er erhielt einen Etat von 400 Taler, konnte das Inventar wesentlich vergrößern und bezog die benötigten Chemikalien zum Teil aus der bereits vorgestellten königlichen Hofapotheke. Wie auch Marggraf hatte sich Achard in seiner Dienstwohnung ein kleines chemisches Laboratorium eingerichtet. 1799 stellte Achard an die Akademie den Antrag, das Laboratorium als Rohrzuckerfabrik (nach der Entdeckung seines Vorgängers Marggraf aus der Runkelrübe gewonnen) zu dürfen. Die Folge war jedoch, dass im Laboratorium kaum noch chemische Untersuchungen stattfanden und die genannten Wohnungen „durch die

‚aufsteigenden Dämpfe' in Mitleidenschaft gezogen wurden." Damit wurde auch das Ende dieses Laboratoriums eingeleitet, es wurden Forderungen nach einem Neubau gestellt und schließlich genehmigte Friedrich Wilhelm III. (1770-1840, König ab 1797) den Neubau, den Klaproth am 28. Dezember 1801 als ordentlicher Chemiker der Akademie bezog. Achard hatte seine Tätigkeit zur Fabrikation von Zucker aus das Versuchsgut in Cunern (Schlesien) verlegt. In der Dorotheenstraße 10 wirkten nach Klaproth zahlreiche Chemiker – unter ihnen aus Gustav Rose und Heinrich Rose. 1945 fiel das Gebäude dem Krieg zum Opfer.

Klaproth wurde vom Minister Ewald Friedrich Graf von Hertzberg (1725-1795; Kabinettsminister unter Friedrich II. und Friedrich Wilhelm II.) dem König – zusammen mit dem erst später bedeutenden Hermbstädt (als „Doctor Hernstaedt" bezeichnet) – am 20. Januar 1788 zur Wahl in der physikalischen Klasse der Akademie anlässlich der öffentlichen Versammlung an ihrem Stiftungstag, dem 24. Januar, als ordentliche Mitglieder vorgeschlagen – wörtlich (zitiert nach G. E. Dann): den *„Bekannten hiesigen großen Chymicus Assessor Klaproth"* und den *„Doctor Hernstaedt, der sich durch merkwürdige Erfindungen in der Chymie und durch gute Schriften bekannte gemacht hat"* [*merkwürdig* im Sinne von bemerkenswert] sowie als Ehrenmitglied *„den berühmten Chymicum und Apotheker Meyer zu Stettin"*. (Zur Biographie von Hermbstädt s. im Kap. „Provisor in der Schwanen-Apotheke") – Hermbstädt wurde jedoch erst 1800 a.o. und 1808 o. Mitglied der Akademie.
Der berühmte Apotheker Meyer in Stettin war Johann Carl Friedrich *Meyer* (1739-1811), Sohn des Hofapothekers zu Stettin, der auch in der väterlichen Apotheke seine Lehrzeit absolvierte. Danach erhielt er im Laboratorium von Marggraf in Berlin auch eine gründliche chemische Ausbildung; es folgten Studien der Mineralogie und Botanik in Uppsala, wo er u.a. bei dem berühmten Botaniker Carl von Linné studierte. 1760 übernahm er die Apotheke seines Vaters und 1782 gründete er mit Hilfe staatlicher Subventionen auch eine Fabrik zur Herstellung von Franz-

branntwein und Likören. Als Erster stellte er auch künstliches Mineralwasser her, publizierte bereits 1783 eine „Anleitung zur künstlichen Bereitung des Selzerswassers" (in: Schriften der Berliner Gesellschaft naturforschender Freunde 4, 313-320) und vertrieb es ab 1795 (im Vergleich: Ein preußisches Patent zur Herstellung künstlicher Mineralwässer erhielt Friedrich Adolph August *Struve* (1781-1840) erst 1823 – nach der Gründung einer Mineralwasseranstalt in Dresden 1818.) J. C. F. Meyer veröffentlichte über 30 wissenschaftliche Arbeiten – überwiegend in Crells' Chemischem Journal. G. E. Dann bezeichnet ihn auch als Bekannten von Scheele und sogar als Freund Klaproths. 1803 verkaufte Meyer seine Fabrik, 1805 auch seine Apotheke.

Klaproth war zunächst Mitglied ohne Besoldung – er müsse eine „Vacanz" abwarten, die erst 12 Jahre später mit dem Abgang von Achard 1800 eintrat. Man erwartete von ihm, dass er „durch seine Schriften und Bemühungen nützlich sein und die durch den Tod des berühmten Chemikers Marggraf entstandene Lücke ausfüllen würde".

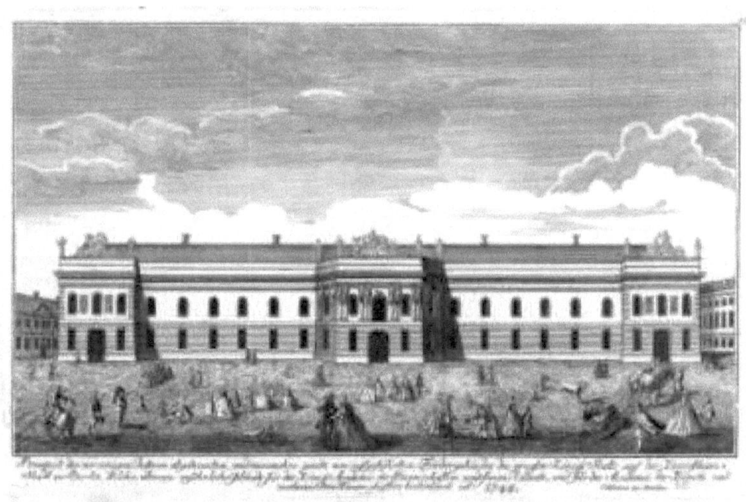

Gebäude der Königlichen Akademie der Wissenschaften 1748

In der Dorotheenstraße Nr. 10 – das Grundstück hatte die Akademie bereits 1707 von der alten Sozietät erworben – befand sich das chemische Laboratorium, das 1752 errichtet und mit einer kleinen Dienstwohnung verbunden für den ordentlichen Chemiker der Akademie vorgesehen war. 1753 wurde es von Marggraf in Besitz genommen und 1764/65 durch den Oberbaudirektor Jan *Bouman* (1706-1776, von den Niederlanden nach Potsdam eingewandert, bekanntestes Werk: Hauptgebäude der Humboldt-Universität) umgebaut und erweitert. G. E. Dann bezeichnete die Wohnung und das Laboratorium als sehr bescheiden und die Mittel zur Instand-setzung als sehr geringfügig – 250 Taler jährlich, „einschließlich der dem ordentlichen Chemiker der Akademie zustehenden Besoldung, der davon alles Nötige zu bestreiten hatte.“

1780 wurde der Betrag durch das Bemühen Achards auf 400 Taler erhöht.

Über „Klaproth als ordentlicher Chemiker an der kgl. Preupischen Akademie der Wissenschaften“ berichtete Hubert Laitko ausführlich in dem Band „Von der Phlogistik zur modernen Chemie. Symposium aus Anlaß des 250. Geburtstages von Martin Heinrich Klaproth“ (Verlag für Wissenschafts- und Regionalgeschichte Dr. Michael Engel, Berlin 1994 – S. 119-167. Der Vortrag wurde am 29. November 1993 in der Technischen Universität Berlin gehalten.

Hinter dem Chemiegebäude in der Straße des 17. Juni erinnert eine Stele an den Entdecker von sechs („sieben“) chemischen Elementen.

Stele (Vor- und Rückseite):

Professor an der Universität Berlin

Die heutige Humboldt-Universität wurde 1809 auf Initiative des Bildungspolitikers Wilhelm von Humboldt gegründet und 1810 durch König Friedrich Wilhelm III. eröffnet – zunächst als *Berliner Universität,* von 1828 bis 1946 als Friedrich-Wilhelms-Universität – 1949 erhielt sie den Namen Humboldt-Universität zu Berlin.
Impulse zur Gründung dieser neuzeitlichen Universität kamen u.a. von dem Philosophen Johann Gottlieb Fichte, und dem Theologen Friedrich Schleiermacher. Wilhelm von Humboldt war 1809/1810 als Geheimer Staatsrat Sektionschef für Kultus und Unterricht im Ministerium des Innern. Sein Konzept beinhaltete vor allem die Verbindung von Forschung und Lehre und die Freiheit der Wissenschaften. Zu den ersten berufenen Professoren der Berliner Universität gehörten der Mediziner Christoph Wilhelm Hufeland und der Geograph Carl Ritter.

Christoph Wilhelm Hufeland (1762-1836)

Und Hufeland schlug Humboldt auch Martin Heinrich Klaproth als ordentlichen Lehrer der Chemie vor, der dessen Berufung für die ordentliche Professur in der Chemie mit einer Besoldung von 1200 Thalern wie folgt begründete:

„Er hat seine Wissenschaft durch wahre Entdeckungen bereichert und sich dadurch auch im Auslande einen Namen erworben, in dem sich nur wenige Gelehrte in E. K. Majestät Staaten mit ihm vergleichen können. Ich würde geglaubt haben, eine meiner ersten Pflichten zu versäumen, wenn ich nicht gesucht hätte, einen solchen Mann auf eine Weise hier zu fixieren, die ihm eine sorgenfreie Beschäftigung mit seiner Wissenschaft verstattete." (Zitiert nach G. E. Dann)

Die ersten neu hergerichteten Auditoren konnten Ende Oktober 1810 im Palais des Prinzen Heinrich, Unter den Linden, bereit gestellt werden.

Palais des Prinzen Heinrich, erbaut 1758-1763 – heute Humboldt-Universität

Klaproth hielt seine Vorlesungen jedoch im chemischen Laboratorium der Akademie.

Ab dem Sommersemester 1811 werden seine Vorlesungen wie folgt im Vorlesungsverzeichnis genannt:

„Die Kunst der chemischen Analyse stellt durch Versuche dar, Herr Professor Klaproth" (SS 1811);

„Die Experimentalchemie wird Herr Prof. Klaproth, Montags und Freitags von 3 bis 5 vortragen" (WS 1811/12);

„Chemische Analysen wird Herr Prof. Klaproth, Montags und Freitags von 3 bis 5 in den Monaten Mai bis August, im akademischen Laboratorio anstellen" (SS 1812).

Im Sommersemester 1814 kommt dann zusätzlich und neu folgende Lehrveranstaltung hinzu:

„Über die preußische Pharmacopöie lieset auch Herr Prof. Klaproth Mittwochs und Sonnabends von 4 bis 6 Uhr."

In dieser Zeit erlitt Klaproth jedoch bereits einen ersten Schlaganfall, so dass es nicht sicher ist, ob er diese Lehrveranstaltung auch noch durchgeführt hat.

Lithographie – veröffentlicht in: „Naturkündiger der älteren und neueren Zeit", Wien 1818ff
(Hrsg.: Lanzendelly, Mahnke, Wolff u.a.)

Von den Vorlesungsmitschriften seiner Studenten veröffentlichte Brita Engel eine Abschrift von Stephan Friedrich Barez (1790-1856, von 1831 bis 1847 Gründer und Direktor der Station und Klinik für Kinderkrankheiten an der Charité) zur Chemie-Vorlesung im Winter 1807/08

(Berlin 1994) sowie nach der „Abschrift von Arthur Schopenhauer nebst dessen Randbemerkungen, Winter 1811/12 (Berlin 1993) – *„Auszug aus Klaproths eignem Heft aus welchem er Experimental-Chemie liest. Berlin im Winter 1811-1812."*

Klaproth starb nach mehreren Schlaganfällen in seiner Dienstwohnung im Laboratoriumsgebäude der Akademie der Wissenschaften, Letzte Straße, später Dorotheen-Straße Nr. 7, am 1. Januar 1817.

Er wurde auf dem Berliner Friedhof vor dem Oranienburger Tor an der Chausseestraße (Dorotheenstädtischer Friedhof) beigesetzt.
Über „Das Schicksal von Martin Heinrich Klaproths Ruhestätte" berichtete Günter Hoppe in dem bereits genannten Symposiums-Band (S. 21-29).
Heute erinnert noch eine Tafel aus dem Jahr 1993 auf dem Dorotheen-städtischen Friedhof an den Apotheker und Chemiker (Aufnahme im Sommer 2015).

Günther Bugge schrieb im „Das große Buch der Chemiker" (Band I, Weinheim 1979) zum Abschluss seines Porträts von Klaproth:

„Von dem M e n s c h e n *Klaproth* wissen wir nicht viel. Er war im Grunde wohl eine unkomplizierte Persönlichkeit, die vollständig im Beruf aufging. Sein Charakter entsprach ganz der Art seiner Forschertätigkeit, deren Hauptkennzeichen Zuverlässigkeit und Ehrlichkeit gewesen sind. Wenn seine chemischen Arbeiten ihm so oft Anlaß gaben, Ungenauigkeiten und Fehler anderer Forscher richtigzustellen, so geschah dies stets in einem vornehmen Ton, der frei war von jeder Anmaßung und Überheblichkeit. *A. W. von Hofmann* hat zutreffend sein Wesen gekennzeichnet mit den Worten: ‚Von einer Bescheidenheit, der jede Überhebung fernliegt, voll Anerkennung für die Verdienste Anderer, rücksichtsvoll für fremde Schwäche, aber von unerbittlicher Strenge in der Beurteilung der eigenen Arbeit, hat uns *Klaproth* für alle Zeiten das Vorbild eines echten Naturforschers gegeben.‘ “

Klaproths wissenschaftlichen Leistungen

Lithographie (vor 1800) in: Carl Caesar Leonhard; Taschenbuch für die gesamte
Mineralogie, 5. Jg., Frankfurt/Main 1811

Zur Analysenmethodik

G. E. Dann hat in seiner Klaproth-Biographie dessen Leistungen bereits vor
fast 60 Jahren umfassend gewürdigt – seinen Aussagen sind auch heute
keine wesentlichen Details hinzuzufügen. In diesem Kapitel wird daher ein
anderer Weg zur Charakterisierung der Bedeutung Klaproths vor allem für
die Chemie gewählt – zum einen werden einige Aussagen Klaproths zitiert,
die seine Arbeitsweise betreffen; zum anderen werden anhand der von ihm
entdeckten bzw. mitentdeckten chemischen Elemente Originalzitate aus

den Veröffentlichungen mit Erklärungen von heute verwendet, die insgesamt ein Bild der Leistungen insgesamt vermitteln sollen.

G. E. Dann stellte u.a. fest:

„Klaproth war der erste ausgeprägt quantitativ – und fast ausschließlich anorganisch – systematisch arbeitende Analytiker."

Kalproths Ansichten zur wissenschaftlichen Arbeitsweise werden auch aus dem Vorwort deutlich, das er für das Werk von Johann Friedrich Johns (1782-1847, 1806-1811 Professor für Chemie und Pharmazie Viadrina, Frankfurt/Oder, dann Universität Berlin) „Chemisches Laboratorium oder Anweisung zur chemischen Analyse" (1808-1821) schrieb:

Bei einem gründlichen Studium der chemischen Naturkunde ist es nicht genug, bei den Versuchen einen Ideengang zu befolgen, welcher eine richtige Ansicht des zu bearbeitenden Gegenstandes zu erkennen gibt, sondern die Versuche müssen auch so ausfallen, daß bei Wiederholung von verschiedenen Chemisten, die mit gleicher Genauigkeit arbeiten, auch beständig dasselbe Resultat herausgebracht werde. Der Scharfsinn eines Chemisten läßt sich bei Durchlesung seiner Werke sehr leicht erkennen; aber über die Genauigkeit, mit welcher er seine Arbeiten vollendet, läßt sich nur urteilen, wenn man entweder bei seinen Versuchen selbst zugegen ist, oder sie aufs neue wiederholt. Beides findet sich nicht immer vereinbart. Es fehlt nicht an Chemisten, die mit einer großen Leichtigkeit die verwickelsten Probleme zu lösen wissen und deren Schlüsse a priori keiner Berichtigung zu bedürfen scheinen; wendet man aber den Blick auf ihre praktischen Fähigkeiten, so erhalten die Sachen sehr bald eine andere Ansicht. Die Arbeiten gleichen einer schön duftenden Blume, die kurze Zeit Anmut gewährt, aber bald aufhört, zu ergötzen und gleichgültig wird. Das Resultat ist falsch und mit demselben alle daraus gezogenen Schluß-folgerungen. "

Die Aussagen dieses Textes haben für die experimentellen Natur-wissenschaften, nicht nur für die Chemie, bis heute ihre grundlegende Bedeutung behalten!

Eine weitere Kernaussage G. E. Danns lautet:
„Klaproth war ein Mann bis dahin unbekannt exakter Arbeitsweise und der bis dahin wenig berücksichtigten Zahl."

Und weiter heißt es:
„Er gab als erster stets den genauen Analysengang und die tatsächlichen Resultate bekannt, mit Kennzeichnung von Verlust oder Überschuß gegenüber theoretischer Erwartung, um jederzeit eine Nachprüfung seiner Arbeit zu ermöglichen."

„Klaproth wurde damit zum eigentlichen Begründer der in wissenschaftlicher Weise durchgeführten quantitativen Analyse."
Und:
„Durch die nach solchen Grundsätzen systematisch vorgenommenen Untersuchungen einer sehr großen Zahl von Mineralien aus der ganzen Welt schuf er die Voraussetzungen für die Entwicklung einer wissenschaftlichen Mineralchemie."
G. E. Dann hat anhand seiner Forschungen bzw. Recherchen auch festgestellt, dass Klaproth nicht nur Mineralien von Kollegen erhielt, sondern offensichtlich auch Exkursionen unternahm. Er berichtete im Anschluss an die zuletzt zitierte Aussage:
„Diese Arbeit wurde ihm ermöglicht, da ihm mit wachsendem Rufe Untersuchungsmaterial aus allen Ländern der Erde zuging, oder Forschungsreisende, wie Alexander von Humboldt und sein eigener Sohn, Julius Klaproth, ihm solches übermittelten. Zu den Freunden, die ihn damit versorgten, gehörte auch der Engländer John Hawkins, der nicht nur aus Cornwall Mineralien sandte, sondern auch Funde von seinen mineralogischen *Studienreisen* durch das Erzgebirge, Böhmen, Ungarn und Österreich nach Berlin schickte. Auch Klaproth selbst unternahm mehrfach solche Reisen. In seinen Arbeiten finden sich Hinweise, daß er 1788 eine ‚kleine mineralogische Reise' nach Dresden und Freiberg machte, daß er 1789 zu Studienzwecken mit dem Grafen von Geßler in Carlsbad weilte (…), daß er 1795 zusammen mit Zöllner eine wenigstens zum Teil

wissenschaftlichen Zwecken gewidmete Reise nach Pommern unternahm, und daß er Ende 1797 oder Anfang 1798 in Österreich (Wien) gewesen sein muß."

Julius Klaproth (1783-1835), der in seinem Aussehen sehr dem Vater ähnelte, studierte gegen den Willen seines Vaters asiatische Sprachen und wurde als Adjunkt an die Akademie für asiatische Sprachen in St. Petersburg berufen. Im Auftrag der Akademie der Wissenschaften in St. Petersburg unternahm er u.a. Reisen in den Kaukasus und nach Georgien (1807 und 1808). 1815 ließ er sich in Paris nieder und wurde 1816 zum Professor der asiatischen Sprachen an der Universität Berlin ernannt – mit der Erlaubnis in Paris zu wohnen.

John *Hawkins* (1761-1841) war ein englischer Geologe, Forschungsreisender und Schriftsteller. Er soll in Deutschland Bergbau und Mineralogie studiert haben – 1786 an der Bergakademie Freiberg bei Professor Werner. 1791 wurde er von der Royal Society zum Fellow gewählt. Er reiste auch nach Griechenland, wo er Altertümer sammelte. Klaproth erhielt von ihm u.a. Mineralien aus dessen Heimat Cornwall, wo er auch ein Bergwerk besaß. Den 1. Band seiner „Beiträge zur chemischen Kenntnis der Mineralkörper" (1795) widmete Klaproth „seinem Freunde" Hawkins.

Johann Friedrich *Zöllner* (1753-1804) war preußischer Oberkonsistorialrat und Propst an der Nikolaikirche in Berlin. Er wurde als Sohn eines Försters in Neudamm in der Neumark geboren, konnte die Oberschule in Frankfurt/Oder besuchen, wo er an der Universität ab 1770 auch Theologie und Philosophie studierte.

Aus der von G. E. Dann erstellten „Bibliographie der Veröffentlichungen Klaproths" lassen sich folgende Koautoren feststellen – die meisten der Publikationen stammen jedoch von Klaproth allein.

Die Namen *Karsten* und *Hermbstaedt* (zur Biographie s. S. 57) werden in der im „Allgemeinen Journal der Chemie" (V (1801), 380-386) von Alexander Nikolaus *Scherer* zu Publikation *„Prüfung des Pneumalkali, welches Hr. Dr. Hahnemann bekannt machte"* genannt.

Dietrich Ludwig Gustav *Karsten* (1768-1810) besuchte ab 1782 bei Abraham Gottlob Werner an der Bergakademie Freiberg Vorlesungen, wurde 1783 preußischer Bergeleve und studierte ab 1786 in Halle. 1788 wurde er auf Empfehlung von Werner mit der Ordnung und Beschreibung der mineralogischen Sammlung des verunglückten Professors Nathanael Gottfried Leske (1751-1786) in Marburg beauftragt und 1789 konnte Karsten in Halle promovieren. Noch im selben Jahr wurde er als Professor für Mineralogie und Bergwissenschaften an die Berliner Bergakademie berufen. Nach Ernennungen zum Bergrat (1792), Oberbergrat (1797) und 1803 zum Geheimen Oberbergrat und Vortragendem Rat im Ministerium wurde er im April 1810 zum Geheimen Staatsrat und zum Leiter der Ministerialabteilung für Berg-, Hütten- und Salinenwesen berufen. Wilhelm von Humdoldt hatte ihn für die Professur für Mineralogie an der neuen Berliner Universität vorgesehen, zu deren Berufung es infolge des frühen Todes von Karsten nicht mehr kam. Er ist der *Gründer der Königlichen Mineralogischen Sammlung zu Berlin* – s. im Kapitel „Zu Besuch im Museum für Naturkunde".

Dietrich Ludwig Gustav KARSTEN (1768-1810)

Zu den Entdeckungen chemischer Elemente

1789: URAN

In den „Schriften der Gesellschaft naturforschender Freunde zu Berlin" berichtete Klaproth 1789 (XXVI., S. 373-375) zunächst unter der Überschrift *Kurze Anzeige eines neuentdeckten Halbmetalls* über seine Entdeckung:

Die Zahl der bisher bekannten 17 Metalle hoffe ich anjezt durch ein neues vermehrt zu haben, welches ich den Namen Uranit beylege. Es ist solches in demjenigen Fossil enthalten, welches zu Johanngeorgenstadt, auf der Grube Georgwagsfort, unter dem Namen Pechblende, auch Eisenpecherz, vorkommt. (...)

Die wichtigsten Eigenschaften des *Uranits* (Urans) beschrieb Klaproth wie folgt:

Aus den Auflösungen in Säuren schlagen die alkalischen Salze den Uranitkalch mit gelber, die phlogistisirten Alkalien aber mit dunkelbraunrother Farbe nieder. Der gelbe Niederschlag stellt mit der Virtiolsäure ein zitrongelbes, metallische Mittelsalz, den Uranitvitriol, dar. Mit der Essigsäure entstehen schöne, Topasgelbe, lange, vierseitige Säulen, mit doppelten vierseitigen Endspitzen.

In der Verglasung theilt dieser Metallkalch den mit Laugensalzen und mit Borax versetzten Glasfritten eine braune, oder dunkel rauchgraue Farbe mit; in Verbindung mit phosphorsauren Salzen aber entsteht eine grüne Farbe.

Bey der Reduktion beträgt sich dieser Metallstoff sehr widerspenstig. Mit salinischen und anderen verglasenden Reduzirmitteln wird die Absicht verfehlt; hingegen, nach Art des Braunsteinkönigs, bloß mit brennbaren Stoffen in starken Feuer behandelt, geht die Reduktion von Statten. Der erhaltene Regulus, welcher eigentlich nur aus lauter sehr kleinen Kügelchen besteht, und keine dichte, sondern sehr poröse, gleichsam wie ein verhärteter feiner Schaum gestaltete Masse bildet, hat eine dunkelgraue Farbe, und zeigt auf den Feilstrich nur einen geringen Metallglanz.

Ich weise dieser neuen Metallart, als einem besondern selbstständigen Geschlechte, seine Stelle unter den schwerflüssigen Halbmetallen an...

(...)

Anm. Obige vorläufige Anzeige ist der kurze Inhalt einer in der Königl. Akademie der Wissenschaften zu Berlin, am 24. Sept. d. J. vorgelesenen Abhandlung. Ein etwas ausführlicher Auszug wird in den Crell. Annalen erscheinen.

1789 veröffentlichte Klaproth in Crell's Annalen (II/S. 387ff) wie angekündigt seine *Chemische Untersuchung des Uranits, einer neuentdeckten metallischen Substanz.*

Die in Paragraphen (§) unterteilte Arbeit vermittelt zunächst als Einleitung die Ausgangslage:

§. 1. Unter die Zahl der, ihren Bestandtheilen nach, noch unbekannten Mineralien, die aus dieser Ursach bisher weder einen bestimmten Namen, noch angemessenen Platz in den Systemen, gehabt oder haben können, gehört auch die sogenannten Pechblende von der Grube Georg Wagsfort *zu Johanngeorgenstadt. Durch diesen, vom gemeinen Bergman solchen Fossil beygelegten Nahmen verführet, zählete man es sonst zu den Zinkerzen, bis Hr. Insp.* Werner *in Freyberg, welchem dessen Bruch, Härte und vorzügliche Schwere, hinlängliche Gründe, daß solches keine Blende seyn könne, an die Hand gaben, und es Eisenpechererz (Ferrum ochraceum piceum) nannte. Er blieb jedoch in Zweifel, ob dieses wirklich seyn angemessener Platz sey; und äußerte er bald nachher die Vermuthung, daß es vielleicht den metallischen Stoff des Tungsteins und Wolframs, mit Eisen verbunden, zu seinen Bestandtheilen haben mögte. Diese Vermuthung wollen ohnlängst, laut einer Nachricht im Bergmännischen Journal (2. Jahrg. 6. St. 612.S.) zwey der Metallurgie beflissene Personen in Chemnitz*

durch wirkliche Versuche bestättigt gefunden haben; und dann wäre dieses Fossil nichts anders, als eine Species des anjetzt hinlänglich bekannten Wolframs: allein, durch folgende Resultate meiner Untersuchung findet sich jenes Vorgehen widerlegt.

Erläuterungen:

Die *Grube* Georg Wagsfort *zu Johanngeorgenstadt* wurde seit 1670 betrieben. Zu ihrem Namen kam sie, als sie Hans Georg Schlägel unter seinem Rufnamen „Georg wag's fort" im Bergverleihbuch eintragen ließ. Aus ihr wurde Silber gewonnen. Uranerze wurden nach der Entdeckung Klaproths aber erst ab 1819 gezielt abgebaut. Heute erinnert eine Informationentafel an die Entdeckung – mit folgendem Text:

„1789 – ein neues Element – URAN

In unmittelbarer Nähe befand sich die seit 1670 betriebene Fundgrube ‚Georg Wagsfort'. Obwohl man insgesamt 265 kg Feinsilber ausbrachte, reichte dies nie zur Deckung der Kosten. Berühmtheit erlangte die sonst eher unbedeutende Grube dagegen durch kleine Erzstufe. Darin entdeckte im Jahre 1789 der Berliner Chemiker Martin H. Klaproth das Element Uran.

Die zwischen 1946 und 1958 betriebene Förderung von Uranerz durch die SAG WISMUT veränderte und zerstörte die Stadt Johanngeorgenstadt in beispielsloser Weise.

Vielerorts stößt man noch heute auf die Spuren der bergbaulichen Vergangenheit."

Beim *Tungstein* handelt es sich um das Mineral *Scheelit* (Calciumwolframat)

Mit *Insp.* Werner *in Freyberg* ist Abraham Gottlob *Werner* (1749-1817) gemeint. Er wurde als Sohn eines Gräflich-Solmsschen Eisenhütten-werksinspektors in Wehrau am Queis (heute Osiecznica, etwa 35 km nordöstliche von Görlitz gelegen) geboren, wurde 1764 Hüttenschreiber bei seinem Vater, wurde 1769 in Freiberg in der Bergakademie (gegründet 1765) ausgebildet und studierte ab 1771 an der Universität Leipzig Rechts- und Naturwissenschaften. 1775 wurde er durch Carl Eugenius Pabst von Ohain (1718-1784, ab 1769 Berghauptmann in Freiberg) als *Inspektor* (der Bergakademie) *und Lehrer der Mineralogie* an die Bergakademie Freiberg berufen. Werner wird u.a. als „Vater der dt. Geologie", als der „alte Berggeist" bezeichnet (nach M. Schwarzbach: Auf den Spuren unserer Naturforscher), der „die systematische Beschreibung der Mineralien und Gesteine" begründete, der aber auch „ganz irrige Auffassungen über die Vulkane und vulkanischen Gesteine, vor allem über Basalt und Granit, (vertrat), die er als Ablagerungen im Wasser erklärte (,Neptunismus', im Gegensatz zum ,Plutonismus'). Der mit ihm befreundete Goethe war einer seiner treuen Anhänger…"

Abraham Gottlob Werner (1749-1817)

Von dem französischen Naturforscher George Baron de *Cuvier* (1769-1832) stammt ein Nachruf auf Werner, den er in der Pariser Akademien der Wissenschaften hielt, der zugleich die Bedeutung der Bergakademie Freiberg charakterisiert (zitiert n. M. Schwarzbach):
„Die kleine Schule in Freiberg, anfangs nur bestimmt, Bergleute für Sachsen auszubilden, erneuerte bald das Schauspiel der ersten Uni-

versitäten im Mittelalter; dorthin eilten Schüler aus allen nur einigermaßen zivilisierten Ländern. In den entferntesten Gegenden sah man Männer, schon in Jahren vorgerückt, Gelehrte, schon zu Ruf gelangt, sich angelegentlich mit Erlernung der deutschen Sprache zu beschäftigen, nur um die Fähigkeit zu erlangen, das große Orakel der Geologie zu verstehen."

An A. G. *Werner* erinnert heute in Freiberg u.a. ein Grabmal am Dom (seit 1861) – nahe der „Goldenen Pforte" mit der Inschrift „Hier ruhet Abraham Gottlob Werner. Dieses Denkmal errichtete ihm schwesterliche Liebe. Ein bleibendes Er selbst." Ein gusseiserne Büste befindet sich in den Ring-Anlagen am Schloss Freudenstein und auch ein Gebäude der heutigen TU Bergakademie Freiberg in der Brennhausgasse trägt seinen Namen.

§. 2. Dieses Fossil, bey welchem ich, der Kürze halber, den alten Namen Pechblende so lange noch beybehalten will, biß, am Schluß gegenwärtiger Abhandlung, das Bedürfniß einer neuen Benennung sich darlegen wird, bricht an seinem obengedachten Fundorte, theils derb, theils eingesprengt, oder mit andern Stein- und Erdarten geschichtet. Erstere derbe Abänderung ist von schwärzlicher, in dunkles Stahlgrau sich ziehender Farbe, mäßigem Glanze, dichten, etwas unebnen, und in den kleinsten Theilgen flachmuscheligen Bruche; ist völlig undurchsichtig, besitzt eine ziemliche Härte, und gibt durch Zerreiben ein schwarzes Pulver. Seine Schwere findet sich im Durchschnitt 7.500. Selten ist es ganz rein, sondern man bemerkt gewöhnlich bley-schweifige Theile, von grauweißer Farbe und matten Metallglanze, als kleine Nesterchen, oder auch nur als höchstfeine Streifen und Adern, darinn eingesprengt.

Die zweyte Abänderung findet sich gewöhnlich in Schichten, die theils mit der, in der Auflösung begriffenen glimmerschiefrigen Gebirgsart, theils mit einem braunen glaskopfartigen Eisenstein, abwechseln, meistens auch mit einer besondern gelblichen und bräunlichen Erde vergesell-schaftet sind; woselbst auch der in vierseitigen Tafel krystallisirte, soge-nannte grüne Glimmer vorkommt. Sie unterscheidet sich von ersterer durch

reinerer hie und da röthlich schattirende Schwärze, stärkern, der Stein-
kohle nicht unähnlichen Glanz, geringere Härte, imgleichen dadurch, daß
die schwarze Farbe des Pulvers sich ins grünliche ziehet. Auch bemerkte
ich an einigen den natürlichen Umriß ausmachenden Stellen des Fossils,
eine flach- und klein-nierenförmige Oberfläche.

§. 3. Vor dem Lötrohre erleidet die Pechblende, für sich geglühet, keine
Veränderung, und bezeugt sich als völlig unschmelzbar. Mit Mineralalkali
oder mit Borax versetzt, entsteht ein graues, trübes, schlackenartiges Korn.
Microchemisches Salz hingegen löset es zu einer klaren grünen Perle auf.
Wenn man aber, wie bisweilen geschieht, kleine Bleykörngen in solchen
geschmolzenen Kügelchen entdeckt, so ist solcher Bleygehalt nur als eine
der Pechblende fremdartige Beymischung zu betrachten.

In dem darauf folgenden Versuch unterwirft er zerriebene Pechblende in
einer Retorte starker Hitze bis zum Durchglühen (§. 4) und stellt einen
Gewichtsverlust unter Freisetzung von Schwefel fest. Dann beschreibt er
Versuche zum Verhalten der *Pechblende* gegen Säuren: unvollständige
Auflösung in *Vitriolsäure* (Schwefelsäure), vollständige *Zerlegung*
dagegen durch die Salpetersäure (§. 5), unvollkommene Zerlegung durch
Salzsäure (§. 6), jedoch mit Salpetersäure versetzt, als Königswasser, stellt
er eine vollständige Auflösung fest.
Die auf die letztere Weise erhaltene Auflösung beschreibt Klaproth wie
folgt:
Eine halbe Unze Pechblende von erstgedachter Gattung hinterließ,
nach vollbrachter Auflösung in Königswasser, 5 Gran Schwefel, und 8
Gran Kieselerde. Die Auflösung, welche eine schwach-weingelbe, ein
wenig ins Grüne sich ziehende Farbe, setzte während dem Erkalten einige
kleine, weiße, nadelförmige Hornbleykristallen ab, die bey der Reduction
ein Bleykörngen von ¼ Gran gaben. In der, von solchem Hornbley klar
abgegossenen, und eine Zeitlang in der Kälte gestellten Solution schossen
große, klare, hell-grünlichgelbe Krystallen an, deren äußere Figur jedoch
nicht deutlich zu bestimmen war.

§. 7. Um nun die Natur des metallischen Grundstoffs der Pechblende kennen zu lernen, wurden mit diesen Auflösungen in Salpetersäure und Königswasser, mehrere Versuche angestellt. Zuerst versuchte ich zu erfahren, ob eine Reduction des aufgelösten Stoffs auf dem nassen Wege Statt haben würde; allein es schlug sich durch hineingestellte Zink- und Eisen-Stäbgen, weder in der Kälte noch in der Wärme, irgend etwas nieder.

Flüchtige Schwefelleber schlug den aufgelösten Antheil der Pechblende aus den Säuren mit braungelber Farbe nieder; wobey die Oberfläche der Mischung mit einer weißgrauen, metallischglänzenden Haut überzogen wird.

Mit Galläpfelntinktur entsteht kein Niederschlag; wird aber die hervorstechende, das Niederfallen verhindernde Säure mit einem Laugensalze ein wenig abgestumpft, so fällt ein schockoladenfarbener Präcipitat nieder.

§. 8. Eine der hauptsächlichsten Erscheinungen, wodurch jene metallische Substanz sich auszeichnet, besteht in der braunrothen Farbe, mit welcher das phlogististrte Alkali solche aus den Auflösungen der Säuren niederschlägt. Zwar fällt auch das Kupfer mit einer bräunlichen Farbe nieder, wenn es aus Auflösungen in Säuren durch phlogistirtes Alkali präcipirt wird; es unterscheidet sich aber dadurch, daß es gleichsam in wolligt zusammenhängenden Flocken fällt; anstatt daß jener Stoff bey seinem Niederfallen sich in der ganzen Flüssigkeit verbreitet. (...)

Ein anderweitiges Kennzeichen der Pechblende gibt die gelbe Farbe an die Hand, unter welcher solche aus den Säuren durch die alkalischen Salze niedergeschlagen wird. (...)

Mit diesen Reaktionen stellte Klaproth bereits die noch heute angewendeten qualitativen Nachweise für Uran vor.

Er hatte zunächst eine Lösung von *Uranylnitrat* – $UO_2(NO_3)_2$ – gewonnen. Aus einer Lösung dieses Salzes fällen Alkalihydroxide (und Ammoniak) gelbe Niederschläge – Diuranate wie $Na_2U_2O_7$. Schwefelwasserstoff fällt in neutraler bzw. alkalischer Lösung das braunes Uranylsulfid UO_2S. Die Phosphorsalzperle (*mikrochemisches Salz*) färbt sich grün. Das Mineral *Uraninit* besteht aus dem Mischoxid $UO_2 \cdot 2\ UO_3$ (U_3O_8), Uranpechblende aus UO_2.

In den chemischen Praktika der Hochschulen wurde Uran zwar selten in Analysen verwendet, jedoch nicht wegen möglicher Gefahren infolge der sehr geringen Radioaktivität sondern wegen der hohen Kosten. Heute jedoch werden in Lehrbüchern die bereits von Klaptroth beschriebenen Reaktionen noch vorgestellt, mit dem Hinweis „Die Radioaktivität ist relativ gering. Der Umgang mit Uran erfordert jedoch spezielle Sicherheitsvorkehrungen, die in einem normalen Labor nicht gegeben sind." (Jander-Blasius 2005).

Es folgen in Klaproths Veröffentlichung weitere, sehr differenzierte Untersuchungen, welche die Sorgfalt und Systematik seiner Arbeit deutlich charakterisieren. Aus den Fällungen versucht er auch das Metall selbst zu gewinnen, was damals jedoch noch nicht gelang. Nach Reduktion auf der Holzkohle erhielt Klaproth ein metallisch aussehendes schwarzes Pulver – offensichtlich das UO_2 (braunschwarz). Erst 1841 gelang Eugéne M. Peligot (1811-1890) durch Reduktion von Uran(IV)chlorid mit Kalium das bisher unbekannte Element in (noch unreiner) metallischer Form zu erhalten und 1896 entdeckte H. Becquerel die natürliche Radioaktivität des Urans.

Am Ende dieser Veröffentlichung stellt Klaproth dann fest:

§. 21. Im Mineralsystem wird nunmehr diese neue Metallart, als ein besonderes Geschlecht, seine Stelle unter den schwerflüßigen sogenannten Halbmetallen einnehmen können...

Die Bedeutung des Urans, nach dem 1781 von F. W. Herschel entdeckten Planeten Uranus zunächst von Klaproth als *Uranit*, 1790 von ihm als *Uranium* bezeichnet, schätzte er damals vor allem in der Färbung von Gläsern ein – wie auch seine Versuche dazu belegen. Gelb-grün gefärbte, fluoreszierende Gläser fanden eine breite Anwendung und Archäologen fanden bei Neapel ein solches Glas sogar aus dem 1. Jahrhundert n. Chr. mit etwa 1 % Uranoxid. Uranfarben fanden nach der Entdeckung von Klaproth großes Interesse und in der Mitte des 19. Jahrhundert begann in St. Joachimsthal eine Fabrikation in industriellem Maßstab.

1789: ZIRKONIUM

Das Metall erhielt von Klaproth den Namen nach dem Mineral, das damals schon bekannt war, und worüber er in seinem Bericht in den „Schriften der Gesellschaft naturforschender Freunde zu Berlin" (9. Band, 2. St., S. 147-176; 1789) wie folgt schrieb:

X. Chemische Untersuchung des Zirkons von Klaproth.

§. 1.

Unter den rohen Edelsteinen von Zeylan [Ceylon] kommt eine, von den Juwelenhändlern bisher wenig geachtete, Gattung vor, welche sich von den übrigen Edelsteinen durch folgende Kennzeichen unterscheidet.

Die Farbe besteht in blassen, gelbgrünen und röthlichen, sämmtlich in ein trübes Rauchgrau übergehenden Schattirungen. Aeußerlich bemerkt man einen Fettglanz, und eine Glätte beym Anfühlen. Die Größe der Stücke ist unbeträchtlich; so daß von meinem Vorrath zwischen 20 und 30 auf eine Drachme [1 Drachme ca. 3,7 g] gehen. Die Grundfigur scheint eine rechtwinklicht vierseitige Säule, mit flachen vierseitigen Endspitzen, zu seyn; welche Krystallenform jedoch nur an sehr wenigen Stücken noch deutlich ist, indem bey weiten die Mehresten nur als kleine abgerundete Geschiebe vorkommen.

Vorzüglich aber unterscheidet sich diese Edelsteingattung durch ihre eigenthümliche Schwere, als welche ich im Verhältniß zum destillirten Wasser, wie 4,615:1,000 gefunden habe. Sie geht also hierinn allen übrigen Edelsteinen weit vor.

(In den Mineralienlexika heute (z.B. W. Schumann 2009) wird die Dichte mit 3,9-4,8 angegeben.)

Herr Romé de l'Isle [Jean-Baptist Romé de L'Isle (1736-1790, franz. Mineraloge, gilt als Begründer des Kristallographie, auswärtiges Mitglied der preußischen Akademie der Wissenschaften] *hat, so viel ich weiß, derselben zuerst als einer besonderen Steinart, unter dem Namen* Jargon de Ceylan, *gedacht, und die Schwere nach Herrn Brisson* [Mathurin-Jacques Brisson (1723-1806)] *Versuchen, zu 4,416 angegeben. Daß ich die Schwere noch um ein beträchtliches größer gefunden habe, rührt vielleicht von meiner Art zu wägen her, die noch einfacher, als die des Herrn Brisson, und daher, wie ich glaube, noch genauer ist. Die übrigen Mineralogen und wenigen Schriftsteller, welche diesen Stein erwähnen, setzen ihn bald unter den Sapphir, bald unter den Topos, bald unter den Rubin, bald unter den Diamant, bald unter den Hyacinth. Letzterer Edelsteingattung hat ihn auch Herr Akad. Insp. Werner, auf die Beschreibung anderer sich verlassend, beygezählt; nachdem er aber selbst ihn zu Gesicht bekommen, fand er, daß selbiger unter den Edel-steingattungen eine eigene Stelle verdiene, welche er ihm denn auch in seinem Mineralsystem, unter dem Nahmen* Zirkon *(Silex Circonius), nach dem Diamant und Chrysoberyll angewiesen hat.*

§. 2.

Das äußere Ansehn und Verhalten dieser Edelsteingattung veranlaßten eine gegründete Vermuthung, daß sie auch in Rücksicht ihrer Bestandtheile sich auszeichnen würde, und erregten den Wunsch nach einer chemischen Zergliederung derselben. Diesen Wunsch der Mineralogen hat Herr Oberkämmerer Wiegleb, durch Mittheilung seiner mit diesem Stein angestellten Zergliederung zu befriedigen gesucht. Auf die Autorität eines Scheidekünstlers von solchem Range, als Herr Wiegleb mit vollstimmigen Recht bekleidet, nicht unbedingt bauen zu wollen, könnte mir leicht den Vorwurf eines zu weit getriebenen Mißtrauens auf die Richtigkeit fremder Versuche zuziehen. Wer hingegen aus eigener Erfahrung weiß, wie gar leicht die vielen Schwierigkeiten, womit chemische Zergliederungen überhaupt, und insonderheit harter Steinarten, verknüpft sind, Irrthümer veranlassen können, der wird eine bescheidene Prüfung derselben wohl nicht für überflüßig erklären.

Die Rechenschaft, welche ich im Folgenden von meinen Versuchen und Erfahrungen über den Zirkon getreulich darlege, wird mit dem, was Herr Wiegleb uns davon bekannt gemacht, zwar im Widerspruch stehen. Allein, ich bin überzeugt, daß diesem würdigen Manne gewiß eben so sehr, als mir, die Wahrheit am Herzen liegt; daher ich ihn, und einen jedem, der fähig ist, competenter Richter zu seyn, auffordere, diese meine Versuche über den gegenwärtigen Gegenstand, – so wie von meinen übrigen zerstreuten Aufsätzen diejenigen, durch welche ich mein geringes Scherflein zur Erweiterung gründlicher Naturkenntnisse beyzutragen vemeine, – mit aller Strenge zu prüfen, und da, wo es nöthig ist, zu berichtigen.

Diese Text wurde vollständig zitiert, da er uns sehr viel über den bescheidenen Wissenschaftler Klaproth und seinen Stil der Forschung und des Umgangs mit Kritik sowie mit den Fehlern von Kollegen verrät.

Klaproth beginnt seine systematischen Untersuchungen mit dem Glühen und der Bestimmung der Glühverlustes; er beschreibt die Veränderungen, die nach dem Glühen aufgetreten sind und zerkleinert dann die Steine für weitere Analysen:
Ich zerkleinerte diese Steine, zwischen vielfaches starkes Papier gewickelt, auf einem stählernen Ambos, und ließ sie hierauf, in einer Reibschaale von schwarzgrauem Feuerstein, zum feinsten Pulver reiben, welches von weißer, in blasse Fleischfarbe sich neigender Farbe war.
Es folgten Versuche zum *Aufschluss* – in alkalischen Carbonat-Schmelzen –, jedoch ohne Erfolg. Erst in Schmelzen von Natriumhydroxid, und damit auch erst nach der Verwendung eines großen Überschusses, erhält er eine Lösung, die er für seine weiteren Untersuchungen einsetzt.
Am Ende seiner sehr genau beschriebenen Vorgehensweise, stellt er fest:
§. 26.

Was ist dieses nun für eine Erde? Kann ich solche für eine bisher ungekannte, selbstständige, einfache Erde halten?

In so fern mir nicht bewußt ist, ob sich eine oder andere der bisher bekannten fünf einfachen Erden künstlich so umändern lasse, daß sie die nemlichen Erscheinungen und Verhältnisse, wie diese Erde aus dem Zirkon, gewährte, glaube ich mich dazu wohl berechtigt, und lege selbiger, bis dahin, daß man sie vielleicht in mehrern Steinarten antreffen, und anderweitige Eigenschaften, welche eine angemessenere Benennung veranlassen mögten, an ihr kennen lernen wird, den Namen Zirkonerde, (Terra circonia), bey.

Um jedoch der möglichen Gefahr eines Selbstbetrugs mich nicht bloßzustellen, wünsche ich, daß diese meine Erfahrungen diejenige Aufmerksamkeit, deren ich sie werth halte, wirklich erregen mögen, um Einen oder Mehrere unserer Meister in der chemischen Zergliederungskunst zu bewegen, diese Untersuchung des Zirkons zu wiederholen, um durch ihre Erfahrungen die Meinigen entweder zu bestätigen, oder zu berichtigen; nur seyen sie auf richtigen Versuchen gegründet!

Anhand seiner Wägungen konnte Klaproth dann auch folgende Zusammensetzung des Minerals angegeben (in % umgerechnet): 30,5 % Kieselsäure, 0,5 % Nickel und Eisen, 2,5 % Rest (des unzerlegten Zirkons) – und 66,5 % an Zirkonerde, als an Zirkondioxid.

Wiegleb dagegen hatte 87 % an Kieselerde gefunden! – die Ursache stellt Klaproth wie folgt fest:

Herr Wiegleb gesteht, zum Feinreiben des Zirkons sich eines gläsernen Mörsers bedient zu haben; nur erwähnt Er nicht, ob von grünen, oder weissen Glase. Ist letzteres, so sind, nach meiner Ueberzeugung, Kalcherde und Braunsteingehalt, welche er gefunden, und für Bestandtheile des Zirkons angenommen, ganz gewiß nur Bestandtheile desjenigen Antheils an Glaspulver, welches sich währendem Feinreibens des Steins vom Mörser abgerieben haben.

Und durch daran anschließend eigene Versuche mit Glasmörsern belegt er dann auch noch diese Fehlerquelle!

Die Autoren S. Engels und A. Nowak schrieben in „Den Elementen auf der Spur" über die Entdeckung des Zirkoniums u.a.:

„*Klaproth* verdankte diese Entdeckung seiner großen Meisterschaft im analytischen Arbeiten. Denn schon mehrere Forscher vor ihm hatten den Zirkon analysiert, ohne jedoch das neue Metall bemerkt zu haben. Wenige Jahre später fand *Klaproth* die Zirkoniumerde auch in dem Edelstein Hyazinth, der ebenfalls eine Abart des Zirkons (chemisch: Zirconium-orthosilicat $ZrSiO_4$) ist.

Und bei Lucien F. Trueb in „Die chemischen Elemente. Ein Streifzug durch das Periodensystem" (1996) ist zu lesen:

„Obwohl die Bezeichnung ‚Zirkonium' ethymologisch vom persischen ‚Zargun' abgeleitet ist, was gold-farbig bedeutet, ist das Metall silbrig-weiß. Jargon und Hyazinth hiess der schon in der Bibel erwähnte Edelstein Zirkon. Er ist oft gelb-rot, kommt aber auch in braun-roten und blassgelben Spielarten vor; (…) … Klaproth erhielt 1789 bei der Verarbeitung und Analyse eines aus Ceylon stammenden Zirkons lediglich Zirkoniumdioxid ZrO_2. Er nannte diesen Stoff Zirkonerde und war zu Recht überzeugt, dass sie ein neues Element enthielt. Als erstem gelang dem schwedischen Chemiker J. J. Berzelius (1779-1848) mit Natrium die Reduktion zum elementaren, wenn auch stark verunreinigten Zirkoniummetall."

Berzeliums reduzierte das Kaliumhexafluorozirconat $K_2[ZrF_6]$ im Jahr 1824.

1793: STRONTIUM

Seinen Namen erhielt dieses Metall (Element) nach dem Ort *Strontian* in Westschottland (den westlichen Highlands) an einem Meeresfjord gegenüber der Isle of Mull. Im 18. Jahrhundert wurde dort ein kleines Bleibergwerk betrieben und der britische Chemiker Adair *Crawford* (1748-1795) untersuchte 1787 einige der dort gefundenen seltenen Mineralien. Ein Mineral hielt man zunächst für eine Variante des Witherits

(Bariumcarbonat), doch Crawford war der Meinung, dass es sich hierbei um eine besondere Erde (Metalloxid) handele, worüber er 1790 berichtete.

Aber erst Klaproth konnte in seiner wiederum systematisch und umfassend durchgeführten Untersuchung nachweisen, dass sich um ein noch unbekanntes Metall bzw. Metlloxid (als Erde bezeichnet) handelte, das er nach dem Fundort *Strontianit* nannte.

Er berichtete darüber in „Crells Annalen der Chemie" (1793, II, S. 189-202.) unter dem Titel
Chemische Versuche über die Strontianerde.
Er beginnt mit folgenden Sätzen:
Daß der S t r o n t i a n i t bey seiner ersten Bekanntschaft für eine Art der natürlichen luftsauren Schwererde gehalten ward, dazu schienen einige seiner mit dem W i t h e r i t übereinstimmenden Eigenschaften zu berechtigen. Indessen wurde ich doch durch die Erscheinung, daß ein mit der salpetersauren Auflösung desselben getränktes und wieder getrocknetes Papier, angezündet, mit einer rothen Flamme brennt, zu der Vermuthung veranlaßt, daß dieses Foßil vielleicht in noch anderweitigen Eigenschaften von der luftsauren Schwererde verschieden seyn möge, welche Vermuthung auch durch den Erfolg einiger, vom Hrn. Rath S u l z e r angestellten, chemischen Prüfungen, und durch die, vom Hrn. Hofr. B l u m e n b a c h an Thieren gemachten Versuche, mehreres Gewicht erhielt.

Friedrich Gabriel *Sulzer* (1749-1830) war Arzt und Naturforscher. In Gotha geboren studierte er in Göttingen und Straßburg Medizin und lebte ab 1768 in Göttingen, ab 1775 als Arzt in Gotha und wurde 1779 offiziell Brunnenarzt in Ronneburg/Thüringen. 1781 wurde er Hofmedikus, 1784 Hofrat und 1818 Geheimer Hofrat in Sachsen-Gotha. Er war Mineraliensammler, tauschte sich oft mit Goethe aus, den er 1807 auch in Karlsbad traf.

Porträts von *Sulzer* und *Blumenbach*

Johann Friedrich *Blumenbach* (1752-1840), in Gotha geboren, ab 1776 Professor der Medizin in Göttingen, Mitbegründer der wissenschaftlichen Anthropologie, war ein vielseitig tätiger Naturforscher.

Klaproth konnte bereits anhand der Flammenfärbung einen eindeutigen Beweis für dieses Element (zur Unterscheidung vom W(B)ismut) erbringen.

1795: TITAN

Ein an Chemie und Mineralogie interessierter Pfarrer, William *Gregor* (1761-1817), vermutete bereits 1791 in einem schwarzen Sand aus dem Manaccan-Tal in Cornwall ein bis dahin noch unbekanntes Metall. Klaproth untersuchte 1795 einen sogenannten *rothen Schörl* (Rutil: TiO_2), entdeckte darin ein neues Metalloxid und gab dem Metall den Namen *Titanium.* Das Mineral aus Cornwall wurde von Gregor als Eisen-Titan-Oxid ($FeTiO_3$) bestimmt, erhielt von ihm zunächst den Namen Menaccanit, wurde aber 1827 nach Adolph Theodor *Kupffer* (1799-1865; ab 1824 Professor für Physik und Chemie in Kasan) *Ilmenit* (nach dem Berg Ilmen im südlichen Ural) genannt. Gregor, der im Alter von 55 Jahren an

Tuberkulose verstarb, fand zwischen 1796 und 1800 noch weitere Minerale, in denen Titan vorkommt, so z. B. in einer Korundvarietät aus Tibet und in Turmalinen einer Zinngrube.

Der Mineraloge Adolph Theodor Kupffer (Grab in St. Petersburg)

Im Band I. der Klaprothschen Abhandlungen mit dem Titel *Beiträge zur chemischen Kenntnis der Mineralkörper* (1795) ist im Kap. 14 auch die „*Untersuchung des hungarischen rothen Schörls*" abgedruckt, aus der hier Ausschnitte zitiert werden:

Klaproth beschreibt zahlreiche Versuche vom Aufschluss bis zu den einzelnen Reaktionen und stellt am Ende fest:

Da nunmehro aus diesen Erfahrungen nicht nur unwidersprechliche Anzeigen eines metallischen Natur dieses Bestandtheils hervorleuchten, sondern auch dessen eigenthümliches Verhalten mit dem, des unmittelbar vorher abgehandelten neuen metallischen Körper, des Titanium, im Ganzen sehr übereinstimmt, und die kleinen Abweichungen in den Erscheinungen bloß von Nebenumständen herzurühren scheinen, so trage ich kein Bedenken, diesen Bestandtheil als T i t a n k a l k aufzuführen.

1797: CHROM

In „Crell's Annalen", 1798, I, 80-82, veröffentlichte Klaproth seine *Nachricht von einem neu entdeckten Metall aus dem rothen Sibirischen Bleyspathe.*
Von Hrn. Prof. K l a p r o t h)*
*) Auszug aus einem Briefe an den Herausgeber. Zugleich ertheilte mir Hr. K. auch die Nachricht von einem andern neuen Metall aus den Nagyager Golderzen, wovon im nächsten Stücke die ausführliche Nachricht durch seine freundschaftliche Güte erfolgen wird. C. [Crell]

Auf Ihre gütige Anfrage, betreffend meine Erfahrungen über denjenigen metallischen Stoff, mit welchem der Bleygehalt im Sibirischen Rothbleyerz verbunden ist, theile ich hier einige wenige derselben mit.
[*Rotbleierz* – Krokoit = Bleichromat $PbCrO_4$; gelblichrot]
Bey Uebergießung des zerriebenen Rothbleyerzes mit Salzsäure, wozu ich lauter vierseitige säulenförmige Krystallen anwendete, erhielt die Flüssigkeit sogleich eine safrangelbe Farbe. Kaum aber hatte ich die Mischung, zur Beförderung einer vollkommenen Auflösung, in Digestion gebracht, als die Auflösung, unter Einwirkung von übersaurem salzsaurem Gas, eine schöne smaragdgrüne Farbe annahm, welche gegen die glänzende Silberfarbe der sich zugleich bildenden Krystallen des salzsauren Bleyes einen schönen Effect machte. Nachdem ich die Digestion mit genugsamer Salzsäure bis zur völligen Verschwindung der rothen Farbe des Erzes fortgesetzt hatte, sonderte ich, nach dem Erkalten, das salzsaure Bley von der klaren grünen Auflösung ab, brachte diese durch Abdampfen in die Enge, und versetzte sie mit Weingeist; wodurch sie von einem noch dabey befindlich gebliebenen kleine Antheile des ersteren völlig befreyt wurde. Nachdem ich hierauf denn Weingeist größtentheils weiter hatte verdunsten lassen, verdünnete ich die jetzt sehr dunkle smaragdgrüne Auflösung mit Wasser, und sättigte sie mit kohlengesäuertem Natron. Der Metallkalk fiel mit bläulicher, dem Spangrün sich nähernder Farbe; wovon ich hier eine kleine Probe beylege. Mit Salzsäure giebt er wieder eine

smaragdgrüne, mit Salpetersäure aber seladongrüne Auflösung. Durch kaustisches Kali gesättigt, löst er sich, in einem geringen Uebermaaß desselben, sogleich wieder auf, und auch diese alkalische Auflösung erscheint grün. Auf der Kohle mit Phosphorglase, Borax u. s. w. geschmelzt, theilt er der Verglasung ebenfalls eine schöne grüne Farbe mit. –

Durch diese und mehrere Versuche, welche ich nach Maaßgabe von B i n d h e i m s chemischer Untersuchung des Rothbleyerzes, welcher selbiger in Beob. u. entdeck. a. d. Naturkunde B. 4. St. 3. S. 287 bis 318. Mittheilte, angestellt habe, fand ich nun den größten Theil der darin von ihm bemerkten Erfahrungen bestätigt. Zugleich aber fand ich denn auch, daß Hr. Bindheim darin, daß er diesen zweyten Bestandtheil des Rothbleyerzes für Molybdän angesehn, geirret habe; vielmehr ließen mir die Erscheinungen und chemischen Verhältnisse desselben mit vielem Rechte einen neuen, bis jetzt noch nicht gekannten Metallstoff vermuthen. Mangel an hinlänglichem Vorrathe dieses Erzes nöthigen mich indessen, die fernern Untersuchungen vor der Hand einzustellen. Gegenwärtig hat auch Hr. V a u q u e l i n in Paris dieses Erz bearbeitet, und ebenfalls jene Bindheimschen Erfahrungen bestätigt gefunden. Da er sie aber noch nicht weiter fortgesetzt hat, so hat ihm solches so mehr Gewißheit gewährt, daß dieser Stoff nicht zum Molybdän gehöre, sondern daß er als ein selbstständiges neues Metall angenommen werden müsse. – Nach dem Tellurium wäre dieses also das 21ste Metall. – –

(Nach der „Chronologie der Entdeckung der Elemente" von H.-J. Quadbeck-Seeger sind das folgende Metalle: Kupfer – Gold – Eisen – Blei – Quecksilber – Silber – Zinn (7 – in der Antike bekannt), vor 1700: Arsen – Antimon – Bismut – Zink (4 Metalle) und ab Mitte des 18. Jahrhunderts: Platin – Kobalt – Nickel – Magnesium – Mangan – Molybdän – Wolfram – Tellur – Uran – Zirkonium – Yttrium – Titan - (Tellur) – Chrom (14 Metalle – Summe 25).

Welche Metalle Klaproth nicht mitgezählt hat, lässt sich heute nicht mehr entscheiden.

Die von Klaproth beschriebenen Phänomene beinhalten die klassischen Nachweisreaktionen von Chrom als Chromat und dessen Reduktion ins salzsaurer Lösung zu Chrom(III)-Ionen unter Bildung von Chlor sowie die Löslichkeit von Chrom(III)hydroxid (grün) in Alkalihydroxiden und – carbonaten unter Bildung des tiefgrünen Hydroxoanions $[Cr(OH)_6]^{3-}$.

Johann Jacob *Bindheim* (1740-1825) arbeitete in der Apotheke *Zum Weißen Schwan* in Berlin, in der auch Klaproth bei *Rose* tätig gewesen war. Von 1795 war er als Apotheker in St. Petersburg und später auch Apotheker und Professor in Moskau. Biographische Daten über ihn sind nur wenige zu finden. G. E. Dann schrieb, dass Bindheim wahrscheinlich unter Klaproth Gehilfe in der Schwan-Apotheke gewesen sei und diese nach Klaproths Ausscheiden verwaltet habe, bevor er in der Apotheke von Johann Andreas Rebelt (aus Altona, ab 1775 bis 1784 Besitzer der Apotheke zum goldenen Reh, eigentlich Apotheke zum weißen Adler seit 1701 an der Schleusenbrücke am Werderschen Kanal) nach dessen Tod Provisor gewesen sei. Bindheim analysierte zahlreiche Mineralien – nach ihm ist auch das Mineral *Bindheimit* – Antimonbleispath, $Pb_2Sb_2O_6(O,OH)$ – benannt, das er 1800 als Erster analysierte.

Der Inhalt von Klaproths Brief an den Herausgeber der Chemischen Annalen Crell zeigt auch, das um die Entdeckung dieses Metalls (als Element) keinen Prioritätenstreit gab. Dazu schrieb G. E. Dann:
„Ob Klaproth oder Vauquelin als erster das Chrom erkannte, ist ein wenig wichtiger Prioritätenstreit. Klaproths Schüler Bindheim, der in Moskau arbeitete, hatte schon 1791 das sibirische Rotbleierz eingehender untersucht und war dabei auf einen von ihm nicht eindeutig charakterisierten Stoff gestoßen, der nach seiner Meinung vielleicht Molybdän hätte sein können.
Vauquelin und Klaproth stellten 1797 unabhängig voneinander neue Untersuchungen des Erzes an und bewiesen beide, daß es sich nicht um Molybdän, sondern um ein bis dahin unbekanntes Metall handelte, dem Vauquelin auf Vorschlag von Haüy den Namen Chrom beilegte…"

Louis Nicolas Vauquelin

Louis Nicolas *Vauquelin* (1763-1829) begann 1776 eine Apothekenlehre in Rouen, ging 1779 nach Paris und bekam dort 1780 eine Stelle bei Antoine Francoise Comte de *Foucroy* (1755-1809) in dessen Privatlaboratorium. 1794 wurde Vauquelin Professor der Chemie an der École des Mines, 1801 Professor am College de France und 1803 Direktor der neuerrichteten Spezialschule für Pharmazie. Er veröffentlichte bis 1833 376 Arbeiten, in denen oft aufwändige Trennungsgänge und Analysenverfahren beschrieben wurden. Er gilt als Entdecker bzw. Mitentdecker von Beryllium und Chrom.

René Just Haüy

René Just *Haüy* (1743-1822) wurde zunächst Theologe. 1794 übernahm er eine Stelle als Konservator am Cabinet des Mines in Paris und 1802 wurde er Professor für Mineralogie am Musée d'Histoire Naturelle. 1809 wurde er auf den neugeschaffenen Lehrstuhl für Mineralogie an die Sorbonne berufen.

Zur Vorgeschichte der Entdeckung des Chroms berichteten Engels und Nowak, dass man schon in den vierziger Jahren des 18. Jahrhundert im Ural ein Mineral gefunden habe, dass wegen seiner rötlichen Farbe den Namen *Krokoit* (griech. krokos: Safran) erhalten habe. Es wurde bereits von M. V. *Lomonossow* (1711-1765; ab 1745 Professor der Chemie in St. Petersburg), der in Marburg und in Freiberg/Sachsen studiert hatte, beschrieben. 1766 untersuchte Johann Gottlob *Lehmann* (1717-1767, ab 1761 Professor der Chemie und Direktor des russischen Museums in St. Petersburg) im Auftrag der Zarin Katharina II. das auch in Sibirien entdeckte Mineral, in dem er Blei analytisch nachwies. Er konnte auch die von Klaproth beschriebene Verfärbung in der salzsauren Aufschlusslösung beobachten, ohne diese deuten zu können.

Michail Vasilevic Lomonossov   Johann Gottlob Lehmann

Vauquelin hatte offensichtlich von Lehmann Proben des Minerals erhalten, stellte ebenfalls die Farbveränderungen fest und erhielt bei seinen Untersuchungen (nach dem Schmelze des Minerals mit Kaliumcarbonat und Auflösung als Kaliumchromat) auch Bleichromat als tieforangenfarbenen Niederschlag her. Seinen Namen erhielt das Metall aufgrund der Farbe (griech. chroma = Farbe).

G. E. Dann stellte fest, dass Vauquelin seine Untersuchungen zwar vor Klaproth in einer französischen Zeitschrift veröffentlichte, in Deutschland Klaproths Entdeckung aber vor dem Erscheinen der deutschen Übersetzung von Vauquelins Aufsatz bekannt wurde.

1797: KALIUM – nicht nur in Pflanzen

Kalium war in Form der *Pottasche* schon lange in der Pflanzenasche bekannt, jedoch nicht in Mineralien festgestellt worden. 1787 veröffentlichte Klaproth eine Untersuchung mit dem Titel *„Beitrag zur chemischen Naturgeschichte des Pflanzenalkalis"* in Crell's Annalen.

Erst 1807 wurde das Metall und Element Kalium von *Davy* durch die elektrolytische Zersetzung von oberflächig angefeuchtetem Kaliumhydroxid zwischen Platinelektroden erhalten. Er nannte das Element *potassium* (nach Pottasche) – von Klaproth stammt die deutsche Name *Kalium* (arab. al kalja: Pflanzenasche).

Crell schrieb im Vorbericht zum Band der Annalen von 1787:

„... - Hr. Prof. K l a p r o t h hat die Chemie und Mineralogie sehr durch die Entdeckung bereichert, daß das, dem Pflanzenreiche bisher ausschließlich zugeschriebne, Laugensalz sich auch im Mineralreiche natürliche finde, und einen Bestandtheil des Leucits und auch des Lepidoliths ausmache; und er bezeichnet es mit der Benennung von Kali, statt des jetzt ungültigen Namens, Pflanzenlaugensalz... "

Im Band II seiner „Beiträge zur chemischen Kenntnis der Mineralkörper" (1797) ist über das Mineral *Leucit* (Nr. XXXII) u.a. zu lesen:

So häufig auch das, unter dem gegenwärtigen Namen: L e u c i t, oder nach andern, L e u k o l i t h, bekannte Fossil in Italien vorkommt, woselbst es den vorzüglichsten Gemengtheil sowohl der rohen, als der durch vulkanisches Feuer in Laven, Tuff und Asche umgeänderten, basaltischen und andern gemengten Gebirgsmassen ausmacht, so selten und ungewiß sind bis dahin die Anzeigen seines Daseyns in andern Gegenden. Es zeichnet sich durch seine sehr bestimmte eigenthümliche Gestalt aus, welche in niedrigen doppelten achtseitigen, mit vier Flächen flach zugespitzten, Pyramiden bestehet, so daß daraus ein rundlicher, mit 24 Trapezen eingeschlossener, Krystall entspringt.

Klaproths quantitative erste Untersuchungen ergaben folgende Zusammensetzung.
Kieselerde 54,5 – Alaunerde 24,5 – Verlust (Differenz) *21 %.*

Die heute bekannte Zusammensetzung des Minerals lautet: K[AlSi$_2$O$_6$]
Geht man von der Molekülmasse nach dieser Formel mit 218 aus, so beträgt der prozentuale Anteil an Kalium 18 % (= „*Verlust 21 %*")

Aus den Kristallbildungen des Metalls mit Salz- und Schwefelsäure konnte Klaproth anhand der Vergleiche aus der Pottasche dann ableiten, dass es sich bei dem als *Verlust* bezeichneten Anteil um *Pflanzenalkali* handelt.

Er schrieb:
Dieser, gegenwärtig in der Eigenschaft einer oryktognostischen Substanz, auf den Schauplatz tretende Bestandtheil des Leucits ist kein anderer, als das, bisher dem Pflanzenreiche ausschließlich eigen geglaubte, und deswegen auch nach selbigem also benannte P f l a n z e n a l k a l i. – Eine wie ich glaube, sehr wichtige Entdeckung, welche in den bisherigen naturhistorischen Systemen beträchtliche Abänderungen veranlassen muß, und bei mehrern Naturerscheinungen sowohl im Mineralreiche, als im Pflanzenreiche, zu nähern Aufschlüssen führen wird.

An diesen Text anschließend folgen dann die genannten Versuche zu den Kristallbildungen nach Abtrennung von Kieselsäure und Aluminium.
An einem gleichen Mineral anderen Fundortes findet er die Zusammensetzung:
Kieselerde 54,5 – Alaunerde 23,5 – Pflanzenalkali 19,5 (Summe 97,50 %)
und schrieb dazu:
Ob das gegenwärtig etwas geringer ausgefallene Verhältniß des alkalischen Salzes nur zufällig, oder bei allen durch vulkanisches Feuer geänderten Leuciten in der Regel sei, bleibt wiederholten Versuchen überlassen.

Und zum Abschluss dieses Beitrages ist dann zu lesen:

Durch diese hier dargelegten, und mehrmals wiederholten Versuche, hoffe ich nun, die Gegenwart des Pflanzenalkali im Leucit, als eines chemischen Bestandtheils desselben, aufs vollständigste dargethan zu haben. Desungeachtet bin ich es zufrieden, wenn man mit der allgemeinen Annahme dieser neuen Erfahrung so lange noch Abstand nehmen will, bis erst mehrere chemischer Naturforscher sie werden geprüft und bestätigt haben. Dieser Prüfung darf man auch um soviel eher entgegen sehen, da das von mir befolgte Verfahren, was die Hauptsache betrift, weder sehr umständlich, noch zeitraubend ist.

Wenn alsdann dieses Alkali, sobald es nicht weiter als ein, erst während der Vegetation in den Pflanzensäften erzeugter Stoff betrachtet werden darf, seine naturgemäßere Stelle, in der Reihe ursprünglich einfacher Mineralkörper, einnehmen wird, so tritt zugleich das Erforderniß eines angemessen Namens ein.

Das in der neuen chemischen Nomenclatur zum generischen Namen erhobene Wort: P o t t a s c h e, kann bei uns Deutschen auf keinen allgemeinen Beifall Anspruch machen; da dessen Werth nur einen schlechten etymologischen Grund hat, und es blos daher entstanden ist, daß man ehemals, zum Ausglühen der eingedickten Holzaschenlaugen, sich eiserner Töpfe, (niedersächsisch: Pott,) anstatt der Calciniröfen, bediente.

Mein Vorschlag würde dahin lauten: statt der bisherigen Benennungen: P f l a n z e n a l k a l i, v e g e t a b i l i s c h e s L a u g e n s a l z, P o t t a s c h e u.s.w. den Namen K a l i festzusetzen; und statt der, dem alkalisch-salzigen Grundtheile des Kochsalzes beigelegten Benennungen: M i n e r a l a l k a l i, S o d a u.s.w. zu dessen Namen N a t r o n zurück zu kehren.

1798: TELLUR

Im selben Band von Crell's Annalen wie über Chrom erschien auf den Seiten 91 bis 104 dann auch der Beitrag:

Ueber die siebenbürgischen Golderze, und das im selbigen enthaltene neue Metall.)*
Von Hrn Prof. K l a p r o t h.

(als Fußnote: *) Vorgelesen in der öffentlichen Sitzung der Königl. Akademie der Wissenschaften in Berlin am 25. Jan. 1798.)

Unter den mannigfaltigen Mineralproducten, womit die Natur die unterirdischen Schatzkammern Siebenbürgens so freygebig angefüllt hat, verdienen besonders auch die, ihrer Natur nach bis jetzt noch nicht genugsam erkannten, sogenannten Weiß-Golderze die Aufmerksamkeit des Naturforschers.

Daß die unter solcher Benennung begriffenen, verschiedentlichen Erzarten Gold enthalten, dies war beynahe Alles, was man bisher mit Gewißheit wußte. Was aber die Bestimmung der übrigen Bestandtheile und deren Mischungsverhältnisse anlangt, so herrscht darüber gegenwärtig noch Ungewißheit und Zweifel.

Ich habe gesucht, diese in der chemischen Mineralogie bisher noch offene Lücke auszufüllen, und lege hiermit eine kurzgefaßte Nachricht von meinen, mit diesen kostbaren Erzen angestellten, Erfahrungen dar.

Das Hauptresultat derselben besteht in Auffindung und Bestätigung eines n e u e n e i g e n t h ü m l i c h e n M e t a l l s, welches in einer dieser Erzarten den Hauptbestandtheil, und in den übrigen einen wesentlichen Mitbestandtheil, ausmacht.
A.

Dasjenige Fossil, in welchem dieses neue Metall den vorwaltenden oder Hauptbestandtheil ausmacht, ist das, von den mineralogischen Schriftstellern sogenannte, Aurum paradoxum, oder Metallum proble-

maticum; *dessen Fundort die Grube M a r i a h i l f im Faczebayer Gebirge bey Z a l a t h n a in Siebenbürgen ist. Die Farbe dieses Erzes hält das Mittel zwischen Zinnweiß und Bleygrau; oft mit gelblich oder graulich angeflogener Oberfläche. Es hat starkglänzenden Metallglanz. Seltener ist es derb, und dann aus krysatllinischen Körnern zusammengehäuft; gewöhnlich nur klein- und feinkörnig; in einem aus Quarz und Steinmark gemengten Ganggesteine eingesprengt.*

Ueber die Natur dieses metallischen Fossils haben sich die Mineralogen und Chemiker bisher noch nicht vereinigen können; indem Einige es für Wismuth, andre für Spießglanzmetall angesehen wissen wollten.

Um die Wahrheit auszumitteln, unterwarf Herr M ü l l e r E d l e r v o n R e i c h e n s t e i n, damaliger Kais. Thesauriats-Rath in Hermanstadt, gegenwärtig Kais. Guvernial-Rath und Bergdirector in Zalathna, selbiges bereits im Jahre 1782 einer chemischen Bearbeitung in den P h y s i k a l i s c h e n A r b e i t e n d e r e i n t r ä c h t i g e n F r e u n d e i n W i e n, a u f g e s a m m e l t v o n H o f r a t h v o n B o r n, enthalten ist. Da aber die Resultate dieser Versuche weder auf Wismuth noch auf Spießglanzmetall deuten wollten, so veranlaßte solches den Hrn von M ü l l e r, darin ein neues Metall zu vermuthen. Er überließ jedoch die Prüfung dieser Vermuthung oder die Entscheidung der Frage: ob dieses problematische Mineral wirklich ein neues bisher noch nicht bekanntes Metall sey, dem berühmten T o r b e r n B e r g m a n n.

Allein auch der gelehrte Chemiker lösete die Frage nicht ganz auf. Seine Aeußerungen hierüber bestehen blos darin: daß seine damit angestellten Versuche ihm zwar gezeigt hätten, dieser Metallkörper sey von einer andern Natur, als das Spießglanzmetall; daß er aber sich noch nicht getraue, darüber ein bestimmtes Urtheil zu fällen.

Vergebens hat nun seitdem das mineralogische Publikum der gewünschten näheren Bestimmung und chemischen Kenntniß dieses Minerals entgegen gesehen; ja, dessen zunehmende Seltenheit schien die Hoffnung zu einer wiederholten analytischen Bearbeitung desselben fast ganz verschwinden zu machen.

Um so preiswürdiger ist der Eifer für die Wissenschaft, welche mehrere meiner mineralogischen Freunde, vorzüglich aber Hrn. von M ü l l e r selbst, veranlaßt hat, durch gefällige Mittheilung dieses Fossils, mich in den Stand zu setzen, dessen von ebengedachtem würdigem Gelehrten bereits so treflich vorbereitete chemische Prüfung fortsetzen, das von selbigen darin vermuthete neue Metall bestätigen, darstellen, und dessen chemische Eigenschaften festsetzen zu können.

Eine ausführliche Darlegung dieser Versuche erlaubt gegenwärtig die Zeit nicht. Ich werde mich also darauf einschränken, nur mit Wenigem das Verfahren, dessen ich mich zur Darstellung des reinen Metalls aus seinem Erze bedient habe, imgleichen einige der vorzüglichsten Unterscheidungs-Charaktere desselben anzuzeigen.

Das wichtigste Tellur-Erz ist *Nagyagit* (Blättererz), ein isomorphes Gemisch aus Telluriden und Sulfiden u.a. von Silber, Gold und Blei.

Bildnis von Franz Joseph Müller von Reichenstein
auf einer Briefmarke der Republik Österreich 1992 (250. Geburtstag)

Franz Joseph *Müller von Reichenstein*, dessen Geburtsjahr und –ort nicht sicher bekannt sind (1740 in Hermannstadt/Siebenbürgen bzw. 1742 in Poysdorf/Österreich; gest. 1825 in Wien) war ein österreichischer Naturwissenschaftler und gilt als der Entdecker des Elementes Tellur. Müller von Reichenstein hatte in Wien Philosophie studiert, zugleich auch Vorlesungen in Mineralogie und Bergbau besucht und wirkte danach im Bergbauzentrum Schemnitz, der ältesten Bergstadt der Slowakei (seit 1993 im Weltkulturerbe-Verzeichnis der UNESCO). Er begann seine Laufbahn als Praktikant an der dort neugegründeten Bergakademie. Als er 1782 über seine Vermutung wie von Klaproth genannt berichtete, war er Leiter des Siebenbürgischen Münz- und Bergwerksthesauriats. Als Thesaurierungsfonds bezeichnet man noch heute einen Wirtschafts- bzw. Investmentfonds, bei dem Erträge nicht ausgeschüttet, sondern wieder angelegt werden. Müller von Reichenstein wurde von dem Gouverneur von Siebenbürgen, Samuel von Brukenthal (1721-1803; Gouverneur von 1777-1787) gefördert. 1788 wurde Müller zum wirklichen Gubernialrath ernannt und in den erblichen Ritterstand erhoben. In der Allgemeinen Deutschen Biographie schrieb W. von Gümbel (Band 22/1885), dass Müller schon 1762 „in dem gold- und silberhaltigen, später als Weißtellur oder Sylvanit bezeichneten Erze" ein neue Metalle habe und darüber 1783 und 1784 veröffentlicht habe. „Der berühmte Klaproth bestätigte bald darauf durch eine chemische Analyse die Richtigkeit der Müller'schen Vermuthung."

Pál Kitaibel

Auch der von Klaproth nicht genannte ungarische Botaniker, Arzt und Chemiker Paul (Pál) *Kitaibel* (1757-1817; ab 1794 Professur für Chemie und Botanik in Pest) soll fast gleichzeitig mit Müller von Reichenstein das damals noch unbekannte Metall Tellur entdeckt haben.

Eine Vermutung ist in der Wissenschaft jedoch keine Entdeckung – und erst die Darstellung des Metalls und die experimentelle Feststellung von dessen Eigenschaften mit Hilfe der damals üblichen Reagenzien sichert dann doch Klaproth dessen Entdeckung, auch wenn dieser sie Müller von Reichenstein zugesteht. Der Name Tellur ist von *Tellus* (römische Erd-göttin) abgleitet.

An den zitierten Text anschließend beschreibt Klaproth im Abschnitt *I. Darstellung des Metalls* zunächst (nach der Abtrennung des *Gangesteins* und der Auflösung in Salz- und Salpetersäure) die Ausfällung von Eisen und Gold. Aus der Lösung erhält er durch Neutralisation einen weißen Niederschlag, den er in der Retorte nach Zusatz eines Öles und dessen Verkohlung zum elementaren Tellur reduzieren kann.

Es folgen dann ausführliche Versuche zu den Eigenschaften des Tellurs – zunächst eine Beschreibung des Metalles selbst:

1) *Die Farbe desselben ist zinnweiß, ins Bleygrau sich neigend. Es hat starken Metallglanz. Der Bruch ist gradblättrig, mit stark spiegelnden Bruchflächen. Es ist sehr spröde, und leicht zer-reiblich. Bey ruhigem Erkalten erhält es eine krystallinische Oberfläche.*

Nach dem Aussehen ist eine Verwechslung mit Antimon verständlich.

2) *Es besitzt unter allen bekannten Metallen das geringste eigen-thümliche Gewicht; als welches sich gegen reines Wasser nur wie 6,115 gegen 1000 verhält.*

Aktuelle Daten: Tellur 6,245, Antimon 6,584.

3) *Es gehört zu den leichtflüßigern oder denjenigen Metallen, welche noch vor dem Glühen in Fluß gerathen. Bey gleichen Wärme-graden floß es später als Bley, aber früher als Spießglanzmetall.*

Aktuelle Daten: Schmelzpunkte von Blei 327 °C, Tellur 449 °C, Antimon (*Spießglanzmetall*) 630 °C.

*4) Auf der Kohle vor dem Löthrohre entzündet es sich mit sehr leb-
hafter, lichtblauer, am Rande grünlicher Flamme, und verdampft
gänzlich, unter Verbreitung eines grauweißen Rauchs, welcher von
einem, wiewol nur mäßigen, unangenehmen rettigähnlichen
Geruch begleitet ist...*

Im Lehrbuch „Anorganische Chemie von Hollemann-Wiberg (91.-100.
Aufl. 1985) ist dazu zu lesen: „An der Luft verbrennt Tellur mit
grünumsäumter blauer Flamme zu *Tellurdioxid...*" Der Geruch lässt
vermuten, dass eine geringe Menge an Tellur- oder vielleicht auch an
Selenwasserstoff entstanden ist, von denen vor allem der Selenwasserstoff
deutlich nach Rettich riecht.

Die chemischen Reaktionen unterscheiden sich somit deutlich von denen
des Metalls Antimon – so z.B. durch die charakteristische Farbe in konzentrierter Schwefelsäure:

*9) Eine geringe Menge des Metalls mit einer hundertmal größern Menge
koncentrirter Schwefelsäure in einem verschlossenen Glase kalt
übergossen, färbt dieses nach und nach mit einer schönen und gesättigten
carmesinrothen Farbe. Durch Hinzufügen einer geringen Menge Wasser
verschwindet diese Farbe, und das wenig aufgelöste Metall fällt in
schwarzen Flocken nieder. Auch durch die Hitze wird die rothe Farbe der
Auflösung zerstört, wobey das aufgelöste Metall sich als weißer Metallkalk
ausscheidet.*

Heute ist bekannt, dass sich in konzentrierter Schwefelsäure rote Te^{4+}-
Ionen bilden. Mit dem weißen Metallkalk ist das Tellurdioxid gemeint.

Im *15. Versuch* stellte Klaproth auch fest: *Z i n k und E i s e n schlagen
das Metall aus den Säuren metallisch nieder. Es fällt in Gestalt
schwärzlicher Flocken, welche durchs Reiben Metallglanz erhalten. (...)
Durch Z i n n und S p i e ß g l a n z wird es aus den salzsauren*

Auflösungen eben so hergestellt. Die Fällung durch letztres Metall gehört unter andern mit zu den evidendesten Beweisen, daß dieses neue Metall selbst kein verlarvtes Spießglanz seyn könne, wie sonst vermuthet worden.

Damit ist auch der endgültige Beweis beschrieben.
Und am Schluss seines Berichtes stellt Klaproth dann noch einmal fest:

Mehrere dieser jetzt gedachten chemischen Eigenschaften sind bereits vom Herrn von M ü l l e r am rohen Fossil bemerkt und angezeigt worden; welchem daher das Verdienst bleibt, darin das Daseyn eines eigenthümlichen Metalls zuerst vermuthet und wahrscheinlich gemacht zu haben. Die Uebersicht derselben wird nun völlig hinreichend seyn, um diese metallische Substanz als ein s e l b s t s t ä n d i g e s, von allen bis jetzt bekannten w e s e n t l i c h   v e r s c h i e d e n e s   M e t a l l anzuerkennen, wodurch demnach die Zahl der gegenwärtig bekannten Metalle auf zwanzig gebracht ist, und welchem ich hiermit den, von der alten Muttererde entlehnten, Namen T e l l u r i u m gebe.

Klaproth analysierte einige Minerale auch quantitativ und kam zu folgenden Ergebnissen.

Faczebayer W e i ß-G o l d e r z (Metallum problematicum), 1780 gebrochen (nach Abzug der *Bergart*): Tellur 92,55; Eisen 7,2 und Gold 2,5 %.

Schriftgold, Charactergold (Aurum graphicum) von der Grube Franciscus zu Offenbanya: Tellur 60, Gold 30, Silber 10 %.

Gelberz oder *gelbliches Golderz* von *Nagyag*: Tellur 45, Gold 27, Blei 19,5, Silber 8,5 % (Schwefel eine Spur).

Blättererz oder *blättriges Grau-Golderz* von *Nagyag*: Blei 50, Tellur 33, Gold 8,5; Schwefel 7,5; Silber und Kupfer 1 %.

Der Text des diesen Bericht abschließenden Kapitels lautet:

Dem Fleiße der Mineralogen und Chemiker bleibt nunmehr die Nachforschung vorbehalten, ob das Tellurmetall auch anderer Orten vorkomme, oder ob es blos als ein ausschließliches Naturgeschenk der transylvanischen Goldbergwerke zu betrachten sey.

1803: CER

H.-J. Quadbeck-Seeger schrieb zum Cer: „1803 Jöns Jakob Berzelius (1779-1848), Wilhelm Hisinger (1766-1852) und Martin Heinrich Klaproth (1743-1817) finden unabhängig das Element."
Jöns Jakob *Berzelius*
Wilhelm *Hisinger*

Klaproth berichtete in seinem sechsbändigen Werk „Beiträge zur chemischen Kenntnis der Mineralkörper" – in Band IV, S. 140-152 – ausführlich über die Vorgeschichte dieser Entdeckung unter dem Titel *CXXXVII. Chemische Untersuchung des C e r e r i t s.*
Aus diesem Beitrag werden einige Auszüge im Folgenden zitiert:

Das mit dem gegenwärtigen Namen C e r e r i t bezeichnete Fossil bricht in der B a s t n ä s- Grube bei R i d d a r h y t t a in Westmannland.
[Riddarhytta: Ort mit langer Bergbautradition im Nordwesten von Västmanland in Mittelschweden]
Die Farbe desselben hält das Mittel zwischen k e r m e s i n r o t h, n e l k e n b r a u n und r ö t h l i c h b r a u n; es findet sich d e r b und e i n g e s p r e n g t; auf frischem Bruche ist es s c h w a c h- und zwar f e t t i g d c h i m m e r n d; der Bruch ist ausgzeichnet k l e i n s p l i t - t r i g, die Bruchstücke sind u n b e s t i m m t e c k i g, n i c h t s o n - d e r l i c h s c h a r f k a n t i g; es ist u n d u r c h s i c h t i g, giebt einen

g r a u l i c h w e i s s e n   S t r i c h, zerrieben aber ein rötlich graues *Pulver; ist   h a l b h a r t,   s p r ö d e, und in reinen Stücken = 4,660 schwer.*

(...)

Nach dem Fundort von 1750 wurde das spätere Cerit *Bästnasit* genannt. Klaproth berichtete auch, dass Axel Frederic *Cronstedt* das Mineral auf Grund seiner hohen Dichte „Tungstein" nannte, Carl Wilhelm *Scheele* jedoch im Erz nicht das in anderen Tungsteinen vorkommende von ihm entdeckte Metall Wolfram enthalten war. Scheele bezeichnete das Mineral daher als „falschen Tungstein".

Axel Fredrik Cronstedt (1722-1765)

Carl Wilhelm Scheele (1742-1786)

Die Exemplare dieses Fossils, welche zu der gegenwärtigen Analyse gedient haben, erhielt ich bereits im Jahre 1788, durch die gefällige Besorgung des Hrn. Bergmeister G e y e r in S t o c k h o l m.

Bei meinen damit angestellten Prüfungen ergab sich bald, daß darin kein Tungstein, oder Scheeloxid [Tungstein/Scheelit: Calcium-wolframt], *auch eben so wenig Kalkerde, als Baryterde; dagegen aber eine bisher nicht gekannte, eigenthümliche Substanz enthalten sei; die ich, wegen der hellbraunen Farbe, unter welcher sie im reinen Zustand er-scheint, vorläufig mit dem Namen O c h r o i t bezeichnete, und sie einstweilen denjenigen Erden beigesellete, die, gleich der Yttererde, den Uebergang zu den Metalloxyden machen. Da sich aber in der Folge ihre Fähigkeit, den Sauerstoff sich anzueignen, näher ergeben hat, so wird sie fortan ihre Stelle füglicher in der Klasse der metallischen Substanzen selbst finden können.*

Nächstdem haben auch die Herren H i s i n g e r und B e r z e - l i u s in Schweden das nämliche Fossil chemisch untersucht; und stimmen die Resultate ihrer Arbeiten im Wesentlichen mit den meinigen überein. Nach Anleitung der von ihnen beobachteten Eigenschaften der darin enthaltenen neuen Substanz, betrachten sie letztere ebenfalls als das Oxyd eines eigenthümlichen Metalls, dem sie den Namen C e r i u m geben, und hiernach das Fossil C e r i t nennen. Da es jedoch die Absicht ist, diese neue Substanz nach dem neuen Planeten C e r e s zu benennen; C e r i u m, C e r i t, aber ein von C e r a (Wachs) abgeleitetes Wort andeuten würde; so habe ich ihr gegenwärtig die etymologisch richtigere Benennung C e r i u m, so wie dem rohen Fossile den Namen C e r e r i t, beigelegt.

Wilhelm Hisinger (1766-1852) – führte mit Jöns JACOB Berzelius (1779-1848) die Elektrolyse wässriger Salzlösungen durch (1803: Entdeckung des Cers unabhängig von Klaproth))

Klaproth berichtet dann ausführlich über die *Zerlegung des Fossils* und erhielt schließlich aus der eisenfreien Lösung das Ceroxid – *durch ätzendes Ammonium gefällt, (...), welches ausgesüßt, getrocknet, und hiernach ½ Stunde geglühet, unter zimmtbrauner Farbe erschien...*

Die Originalarbeit über die Untersuchungen des Minerals erschien 1803 unter dem Titel *Chemische Untersuchung des Ochroits* im „Neuen Allgemeinen Journal der Chemie" II, S. 303-316 und in Französisch 1804 in den „Mémoires de l'Académie Royale..." S. 155-164.

G. E. Dann führte in seiner „Bibliographie der Veröffentlichungen Klaproths" 218 Arbeiten in Zeitschriften (Journale, Magazine, Abhandlungen, Schriften) auf – bis 1801 vor allem in *Crells Annalen* (s. in Kap. xxx). Dann folgen Veröffentlichungen in „Allgemeines Journal der Chemie" von Alexander Nikolaus *Scherer* und ab 1803 in „Neues Allgemeines Journal der Chemie", herausgegeben von Valentin *Rose* und Adolph Ferdinand *Gehlen*.

Adolf Ferdinand Gehlen (1775-1815)

Die Geschichte von Scherers „Allgemeinem Journal der Chemie" beginnt bei Weimar – im Schloss Belverdere auf dem Höhenrücken Eichenleite. Alexander Nikolaus *Scherer* (1771-1824) stammte aus St. Petersburg, studierte ab 1789 in Jena zunächst Theologie, dann Chemie, und wurde nach der Promotion 1794 zum Dr. phil. Assistent des ersten Professors für Chemie Johann August Göttling. Die Tätigkeiten Scherers wurden von Goethe sehr gefördert. Scherers „Allgemeines Journal der Chemie" erschien erstmals in Leipzig 1798. Am Ende von Scherers „Plan dieses Journals" finden wir die Angabe „Belvedere bey Weimar, im Juni 1798". In seinem „Plan" teilte Scherer mit, dass er die periodische Schrift, die in Heften erscheinen würde, in die Rubriken „I. rationelle Chemie – Uebersicht aller Bemühungen, deren Zweck es ist, die Chemie in wissenschaftliche Form zu bringen; II. theoretische Chemie – Mittheilung alles das System der Chemie betreffenden theoretischen Untersuchungen; III. praktische Chemie – Zusammenstellung aller Resultate chemischer Versuche aus allen einzelnen Fächern, als Pharmacie, Docimasie u. s. w. ..." einteilen werde. Scherer wurde 1800 als Professor für Chemie an die Universität Halle, dann 1804 an die Universität in St. Petersburg berufen, wo er als Professor für Chemie und Pharmazie wirkte. Das von ihm begründete Journal erhielt durch den Wechsel von Herausgebern und Verlegern 1834 schließlich den Titel „Journal für praktische Chemie" und bestand bis 2001, zuletzt zusammengelegt mit der „Chemiker-Zeitung" im Wiley-Verlag.

Die Frage, ob Klaproth den Herausgeber Scherer persönlich kennengelernt hat, lässt sich anhand der veröffentlichten Dokumente nicht beantworten.

Die Herausgeber des ab 1803 für seine Veröffentlichungen bevorzugten „Neuen Allgemeinen Journals der Chemie" (ab 1806 „...für die Chemie, Physik und Mineralogie") Rose und Gehlen jedoch kannte er persönlich, denn auch Adolph Ferdinand *Gehlen* (1775-1815) war bei Valentin Rose d. J. in der Apotheke *Zum weißen Schwan* nach seiner Ausbildung beim Hofapotheker und Universitäts-Professor Karl Gottfried Hagen in Königsberg zum Apotheker ausbildete, tätig gewesen. Von 1803 bis 1805 war er Mitherausgeber des genannten Journals (6 Bände), ab 1806 des „Journals für Physik und Chemie" (9 Bände). 1806 ging Gehlen an die Universität Halle, promovierte dort (nach anderen Quellen bereits in Königsberg – Deutsche Apotheker-Biographie) und wurde Privatdozent. 1807 erhielt er in München eine Anstellung an der Bayerischen Akademie der Wissenschaften zur Einrichtung eines chemischen Laboraoriums, wo er für den bayerischen Bergbau, die Hüttenbetriebe, die Glas- und Porzellan-fabriken zuständig war und für die königliche Porzellanmanufaktur Nymphenburg unter anderem Farben entwickelte. Gehlen starb 1815 an einer Vergiftung mit Experimenten mit Arsenwasserstoff.

Analysen historischer Mineralquellen bzw. von Wässern

1790	*Chemische Untersuchung der Mineralquellen zu Carlsbad*
	(digitalisiert Universitätsbibliothek Kiel – 56 S.)
1792	*Untersuchung der Mineralquellen zu Imnau*
1792/93	*Chemische Untersuchung des siedenden*
	Quellwassers aus Island
1802	*Anleitung zur künstlichen Bereitung des*
	Carlsbader Wassers
1806	*Chemische Untersuchung des Riepoldsauer*
	Mineralwassers
1809	*Chemische Untersuchung des Wassers vom todten*
	Meere

(nach der Bibliographie bei G. E. Dann)

1783 hatte bereits der im Kapitel „Als Chemiker in der Akademie der Wissenschaften" vorgestellte Apotheker Johann Carl Friedrich Meyer aus der Hofapotheke in Stettin die Herstellung künstlicher Mineralwässer (Beispiel Selters) beschrieben. Nach seinen Analysen der „Mineralquellen zu Carlsbad" von 1790 schlägt Klaproth dann 1802 auch eine „Bereitung" vor. Und Klaus Kiefer würdigt in seinem Buch „Mineralwässer. Der Beitrag deutscher Apotheker zur Erforschung von Mineralquellen und zur Herstellung künstlicher Mineralwässer" (1999) das Wirken von Klaproth in diesem Bereich. Kiefer schreibt u.a.: „Er (Klaproth) stellt fest, dass es jetzt der Chemie gelungen sei, >die Mineralwässer bis in ihre feinsten Bestandtheile zu zerlegen und deren Verhältnisse mit einer fast mathematischen Genauigkeit zu bestimmen<. Klaproth meint, nun sei es einfach, diese Wässer auch künstlicher herzustellen, wobei er notiert, dass vor allem Säuerlinge und Mineralwässer mit hohem Kohlensäureanteil besonders zur Nachahmung geeignet seien. Der Verfasser vermerkt, dass sich die einzelnen Karlsbader Quellen hinsichtlich ihrer Inhaltsstoffe nur wenig unterschieden, jedoch hinsichtlich der Temperaturen wesentliche Differenzen bestünden. Er empfiehlt die Anwendung des künstlichen

Wasser nur den Patienten, die sich eine Reise nach Karlsbad nicht leisten könnten."

Ansicht von Karlsbad

Klaproths *Chemische Untersuchung der Mineralquellen zu Carlsbad* von 1790 (gedruckt in der Königlichen Hofbuchdruckerei MDCCXC.) beginnt mit einer noch heute lesenswerten Beschreibung – die zugleich seinen Schreibstil charakterisiert:

„Unter Deutschland heißen Mineralquellen verdient das C a r l s b a d in Böhmen eine vorzügliche Aufmerksamkeit, nicht allein des Arztes und eigentlichen Naturforschers, sondern auch eines jeden, für ausgezeichnete Naturscenen gefühlvollen Zuschauers.

Der Sprudelkessel, dieser bewunderungswürdige und in seiner Art vielleicht einzige Wasserbehälter, welchen die Natur selbst aus den kalcherdigen Bestandtheilen der Quelle gebildet, mit einem dreifachen Marmorgewölbe überdecket, und zur Ansammlung des in der nahe gelegenen unterirdischen Werkstätte ausgearbeiteten Mineralwassers eingerichtet hat: – der aus den Hauptöffnungen dieses Wassergewölbes mit Ungestüm sich ergießende, heiße, und die Atmosphäre mit Dampfwolken erfüllende Sprudel: – das unaufhörliche Spiel der aus kleinen Rissen und Spalten sich hervordrängenden, und durch den, über einen beträchtlichen Theil dieser Sprudeldecke unmittelbar hinfließenden Töpelfluß, in Perlengestalt emporsteigenden Luftbläsgen: – alles dieses ladet beim ersten Anblick zu einem Nachdenken ein, wobei man der angenehmen Täuschung, die sonst gern nur im Verborgenen thätige Natur hier in der Nähe, und gleichsam vor seinen Augen arbeitend zu erblicken, sich kaum erwehren kann."

Die durchgeführten Analysen beschrieb Klaproth stets mit „*wir*" – und aus dem Satz „*Wie nöthig es sey, diese Prüfungen* [auf Eisen – mit Galläpfeltinktur] *unmittelbar an der Quelle selbst anzustellen, sahen wir am folgenden Versuche. Wir ließen frischgefülltes Sprudelwasser in einem wohlverschlossenen Kruge nach unserer Wohnung bringen, und versuchten es daselbst sogleich, ehe noch von der Wärme etwas merkliches verlohren gegangen war, mit Galläpfel und Galläpfeltinktur. Es blieb aber Anfangs eine Zeitlang farbenlos, nach und nach neigte es sich ein wenig in schwaches, trübes Olivengrün, und als hierauf einige Tropfen Salpetersäure hinzu gethan worden, ging die Farbe in dilutirte blaäulich-schwarze Schattirung über.*

Sobald aber das Sprudelwasser merklich erkaltete, war auf keine Weise eine Farbenveränderung oder Anzeige auf Eisen, weiter zum Vorschein zu bringen."

Dieses Beispiel steht auch für die auch heute noch überzeugend korrekte, d.h. richtige Vorgehensweise beim Nachweis von Eisen in Mineralwässern.

Der Karlsbader Arzt Leopold Fleckler veröffentlichte 1838 seine Schrift „Karlsbad: seine Gesundbrunnen und Mineralbäder in geschichtlicher, topographischer, naturhistorischer und medicinischer Hinsicht" (Stuttgart, J. Scheible's Buchh.) und darin ist über Klaproths Analysen zu lesen:

„Klaproth's chemische Untersuchung 1789.
Als der gefeierte Chemiker im J. 1789 an unserem Kurorte in Gesellschaft des Grafen GESSLER verweilte, untersuchte er die Bestandtheile und Mischungsverhältnisse unserer Mineralwasser. Gessler unterstützte ihn bei der chemischen Prüfung, und er eignete auch aus Dankbarkeit seinem Freunde die 1790 erschienene Abhandlung zu.

Er untersuchte nur den Sprudel-, Schloss- und Neubrunnen und lieferte fast dieselben Resultate, wie BECHER [den Klaproth auch zitiert], bezüglich der festen Bestandtheile. Obwohl er auch die gasigen seiner sorgfältigen prüfenden Forschung unterzog, so mangelte ihm ein Quecksilber-Apparat, und er sah sich genöthigt, des Sprudelwassers zur Sperrung des Gases sich zu bedienen, daher er noch geringere Resultate hatte."

Als Hauptbestandteile (damals noch in Unzen in einem Pfund Wasser angegeben) ermittelte er folgende (in der Reihenfolge ihres Gehaltes abnehmend):

Glaubersalz (Natriumsulfat) – *luftsaures mineralisches Laugensalz* (Natriumhydrogencarbonat) – *Kochsalz* (Natriumchlorid) – *luftsaure Kalkerde* (Calciumhydrogencarbonat) – *Kieselerde* (Kieselsäure) – *luftsaures Eisen* (Eisen(II)hydrogencarbonat) und *Luftsäure* (Kohlendioxid).

Sein Freund war Carl Friedrich Graf von *Gessler* (1752-1829), Königlich preußischer Kammerherr und von 1786 bis 1829 Ehrenmitglied der Preußischen Akademie der Künste in Berlin, auch preußischer Gesandter am sächsischen Hof in Dresden.

Zu Besuch im Museum für Naturkunde in Berlin

In der Mineralogischen Sammlung des Museums für Naturkunde in Berlin befinden sich auch zahlreiche Mineralien Klaproths.
Eine Vitrine mit Büste und Mineralien erinnert an ihn und seine Entdeckungen – und an Dietrich Ludwig Gustav Karsten (1768-1810, Gründer der Königlichen Mineralogischen Sammlung zu Berlin).

(Foto: Naturkundemuseum Berlin)

Auf der Webseite des Museums ist zu erfahren:

„Das Museum für Naturkunde kaufte im Jahre 1817 die Originalobjekte des Chemikers Martin Heinrich Klaproth (1734-1817), an denen er zahlreiche Elemente – unter anderem Uranium – entdeckt hatte."

Gleichzeitig mit der Gründung der Berliner Universität Unter den Linden 1810 entstanden die drei Museen, aus denen das Museum für Naturkunde hervorging: das *Anatomisch-Zootomische*, das *Mineralogische* (ab 1814) und das *Zoologisch Museum*.

Das Museum für Naturkunde, 1889 am 2. Dezember von Kaiser Wilhelm II. eröffnet, vereinigte bisher eigenständige Sammlungen, die um 1880 zwei Drittel des Universitätsgebäudes füllten. Bis 2009 war das Museum Teil der Humboldt-Universität, seit dem 1. Januar 2009 ist es eine Stiftung des öffentlichen Rechts – als „Museum für Naturkunde – Leibniz-Institut für Evolutions- und Bioderversitätsforschung". Es befindet sich in der Invalidenstraße in der Oranienburger Vorstadt. Bei einem Bombenangriff wurde am 3. Februar 1945 wurde der Ostflügel Museums zerstört und konnte erst im September 2010 wieder freigegeben werden. Das Museum wurde jedoch bereits am 16. September 1945 als das Erste in Berlin wiedereröffnet.

Ein Teil der Mineraliensammlung ist im *Mineraliensaal* ausgestellt, wo sich auch die Vitrine zum Andenken an Klaproth befindet. Durch eine Mineralnamenkartei ist die Sammlung aufgeschlossen.

Die mineralisch-petrographischen Sammlungen im Museum für Naturkunde umfassen etwa 220 000 Proben. Die Ausstellung befindet sich im ersten Obergeschoss des Museums auf einer Fläche von etwa 500 qm.

Die Sammlung entstand im Zusammenhang mit der Gründung der Berliner Bergakademie, die 1770 vom preußischen König Friedrich II. gegründet und von Carl Abraham Gerhard (1738-1821) als erstem Direktor für Lehrzwecke erworben wurde. Sie wurde zunächst als Königliches Mineralienkabinett bezeichnet und befand sich zur Zeit von Klaproth ab 1802 im Gebäude der Neuen Münze am Werderschen Markt an der Stelle des abgebrannten Werderschen Rathauses. Das Gebäude wurde von

Heinrich Gentz entworfen. Der Entwurf des umlaufenden Figurenfrieses stammt von Johann Gottfried Schadow und Friedrich Gilly.
Karsten, ab 1803 Geheimer Oberbergrat und Mitglied des Ministeriums für Bergwerksangelegenheiten, führte eine systematische Sichtung und Ordnung der in Berlin gesammelten Mineralien durch.

Neue (Alte) Münze (links) in Berlin am Werderschen Markt um 1820 (abgebrochen 1885) (Bild von Johann Baptist Hoessel † n. 1824, Radierer und Kupferstecher) – Kopie des Münzfrieses am Gebäude Mühlendamm 3

1889/1890 kam die Mineraliensammlung in das Museum für Naturkunde und die Mineralien wurden dorr systematisch angeordnet – d.h. nach dem kristallchemischen Mineralsystem von Hugo Strunz (1910-2006; ab 1951 Lehrstuhl für Mineralogie und Petrographie an der TU Berlin

In der folgenden Übersicht sind die Mineralien, in denen Klaproth die sieben Elemente entdeckt hat, zusammengestellt.
(N: Name von Klaproth)

Element (Jahr)	Mineral
Uran (N) – 1789	Pechblende (Johanngeorgenstadt/Erzgebirge)
Zirkonium (N) – 1789	Zirkon (Ceylon – Sri Lanka), nach dem Namen des Minerals

Strontium (N) – 1793	Strontianit, Strontian/Schottland
Titan (N) – 1795	*Roter Schörl* (Rutil), Boinik (Königreich Ungarn)
Tellur (N) – als Metall 1798	Gold-Tellurerze, Zlatna/Sieben-Bürgen, Rumänien
Chrom - 1798	Rotbleierz (Krokoit) „sibir. Roter Bleispat", Berjosowski/Ural
Cer – 1804	Cerit, Riddarhyttan/Schweden
(Kalium) – 1797	Leucit, Vesuv/Italien, Nachweis des „Pflanzenalkali" (Pottasche) in einem Mineral

LITERATUR

Wozniak, Thomas: Quedlinburg. Kleine Stadtgeschichte, Verlag Friedrich Pustet, Regensburg 2014.

Schwedt, Georg: Historische Reise in Kupferstichen. Aus den Werken des Matthäus Merian, Pierpersche Druckerei und Verlag, Clausthal-Zellerfeld 1993.

Drees, Heinrich: Geschichte der Grafschaft Wernigerode, Kommissionsverlag von Paul Jüttners Buchhandlung (Paule Schule), Wernigerode 1916.

Drees, Heinrich: Geschichte des Fürstlichen Gymnasiums zu Wernigerode, in: Zeitschrift des Harz-Vereins für Geschichte und Altertumskunde 32 (1899), 171-282.

Dann, Georg Edmund: Martin Heinrich Klaproth (1743-1817). Ein deutscher Apotheker und Chemiker. Sein Weg und seine Leistung, Akademie Verlag, Berlin 1958.

Schwedt, Georg: Berühmte Raths-Apotheker in Hameln. Westrumb (1751-1819) und Sertürner (1783-1841), HisChymia Buchverlag, Seesen 2001.

Mlynek, Klaus u. Waldemar R. Röhrbein (Hrsg.): Stadtlexikon Hannover. Von den Anfängen bis in die Gegenwart, Schlütersche Verlagsges., Hannover 2009.

Gelder, Hermann: Zur Geschichte der privilegierten Apotheken Berlins, Verlagsbuchh. Julius Springer, Berlin 1925.

Meyer, Bernhard: Collegium medico-chirurgicum, Luisenstadt / Berlinische Monatsschrift, Heft 2, 1996.

Hein, Wolfgang-Hagen und Holm-Dietmar *Schwarz*: Deutsche Apotheker-Biographie, Band I und II, Wiss. Verlagsges., Stuttgart 1975 und 1978.

Grünhagen, Konrad: Über den Bau und die Einrichtung von Apotheken in alter und neuer Zeit, Druckerei wiss. Werke Konrad Triltsch, Würzburg-Aumühle 1939.

Schwedt, Georg: Chemische Experimente in Schlössern, Klöstern und Museen. Aus Hexenküche und Zauberlabor (Kap. 13), Wiley-VCH, Weinheim, 2. Aufl. 2009.

Brandes, Georg: Genialer Alleskönner. Gottfrieg Christop Beireis (…) – sein Leben und Anekdoten, epuli-Verlag, Berlin 2014.

Stürzbecher, Manfred: Berlins alte Apotheken, Verlag Bruno Hessling, Berlin 1965.

Reinhard, Friedhelm: Apotheken in Berlin. Von den Anfängen bis zur Niederlassungsfreiheit 1957. Herausgegeben vom Berliner Apotheker-Verein anläßlich seines 275jährigen Bestehens, Govi-Verlag, Eschborn 1998.

Kiefer, Klaus: Mineralwässer. Der Beitrag deutscher Apotheker zur Erforschung von Mineralquellen und zur Herstellung künstlicher Mineralwässer; Govi-Verlag, Eschborn 1999.

Jander-Blasius: Einführung in das anorganisch-chemische Praktikum (J. Strähle und E. Schweda), 15. Auf., S. Hirzel, Stuttgart 2005.

Engels, Siegfried und Alois *Nowak*: Auf der Spur der Elemente, VEB Deutscher Verlag für Grundstoffindustrie, Leipzig, 3. Aufl. 1983.

Trueb, Lucien F.: Die chemischen Elemente. Ein Streifzug durch das Periodensystem, S. Hirzel, Stuttgart und Leipzig 1996.

Schwedt, Georg: Goethe als Chemiker, Springer-Verlag, Heidelberg 1998.

Kraft, Alexander: Chemie in Berlin. Geschichte, Spuren, Persönlichkeiten, Berlin Story Verlag, Berlin 2012.

(Weitere Literaturangaben an den ansprechenden Stellen im Text)